リハビリテーション的障害論

―そもそも障害ってなんだ

著者／加賀谷 はじめ
ゲスト／上田 敏

Community Based Rehabilitation CBR

まえがき

「障害」について語ることは難しい。たとえば庭の虫について語る、夜空にきらめく星について語る、ということなら思いを自由にめぐらすことはできる。しかし「障害」について語ることは私自身について語ることでもあり、冷静に（他人ごととして）語ること自体が困難だというジレンマがそこにある。

しかし私はそれでもなお「障害」について考え、語りたいという思いがある。なぜなら「障害」について考えることは、私自身に直接関わることであるが、それは決して私一人の問題とは思えないからである。だから私はたとえ非力であったとしても、「障害」について、またわが身のことは別としてもその必要性があるように思われる。それは他の人と言葉を、ひいてはこころを通わす、ということを通して、何か共通のことを学ぶことができると思われるからでもある。

だからここではまず私におけるあるいは私の考える「障害」について触れ、そこから「障害」一般について少し考えを述べておきたいと思う。

正直に言えば私はいま六七歳になる、あるいは「なってしまった」。そこであらためて気づいたことは、それまでは他人ごとのように思ってきた「障害」が、最近はとても人ごとは思えなくなった、ということである。

たとえばそれまで気にもしなかった足の付け根・股関節に今ではときどき痛みがあり、階段も避けてついエレベーターに乗ることが多くなった。また一つのことを新たに始めようとすると前に覚えていたことを忘れて、何の用で二階に上がったか、はたと考えてしまうことも珍しくない。これは定年で仕事から離れ、気ままに暮らしているせいもあるかもしれない。ただ困ったことといっても自分が困るだけで他人に迷惑をかけているわけではないのがせめてもの救いである。

そしてこのような具合で自分自身を振り返れば、人間というものは不思議なもので、あまり必要でないことはだんだん抜け落ちてしまうものかもしれない、と気安めに自分で自分に言いきかせたりする。もちろんこれは退職後で仕事をしない生活からくることで、もし仕事をしていればただちに鹹になってもおかしくないとも思える。つまり同じ「障害」？でもその生活の必要に応じてできることと、できないと困ることによって、その持つ意味合いが違う、ということがある。

つまりここで言いたいのは、人間は必要なことができればそれでいいのであって、それは自然の成り行きではないか、ということである。あるいは「好きこそものの上手なれ」ということわざにあるように、好きなことであれば自然と忘れることも少なくなる、ということだろう。

だから人間はもともとできそうなこと・好きなことは自然と考えることができるが、最初からまったくできないこと、あまり必要でないこと、興味のないことは忘れる、ということもまた確かなことと思える。そう考えれば「障害」ということもまた少し違った見方ができるのではないだろうか。

だが他方で「障害」はそのような範囲を越えて、言わば客観的支障の対象としてあるのではないだろうか、という反問もある。

しかし生まれつき目の見えない人が、見えることを考える、ということは彼自身の内から起こりようがない。あるいは他の人と較べて気づく以外に、それが自分にはできないし「欠けている」、という気持ちが生まれるとはとうてい思えない。だから「障害」ということも、もともとは他者との比較によって生じることは確かなことではないだろうか。それゆえ「障害」はその真の意味において、他者と比較できる人間以外にありえないこと、他の動物には「切断」や「運動麻痺」はあっても、自分の能力の欠如（不足や不完全）の意識としての「障害」は存在しえないことは確かではないだろうか。

このことが何を意味しているのかと言えば、それは「人間は人間的環境（社会）を離れて存在しえない」ということであり、「障害」においては社会のあり方がその存在に深く関わっている、ということである。

たとえば私たちは「肢体不自由児施設」や「肢体不自由児」といった言葉を施設の表示や文献で目にすることがある。しかし「肢体自由」という言葉を私はこれまで一度も見たり聞いたりしたことがない。

おそらく肢体が「自由」であることはあたりまえのことで言葉にする必要がなかった、ということだろう。しかし本当に「肢体」は自由なのだろうか。あるいは本当に「肢体」は不自由なのだろうか。自由な肢体と不自由な肢体はどこが違うのだろうか。あるいはそれは何によって区別されるのだろうか。ここで問題となっていることはきわめて現実的なこと、言い換えれば人為的なことであり、さまざまな人を乗せて走る電車の椅子の多くが一律に決まっていることに通じる便宜的なことにほかならない。

ただここで注意しなければならないことは「それは言葉だけの問題ではない」ということである。少なくとも肢体不自由は肢体自由を含み、自由なしに不自由はありえない、という意味で、「肢体不自由」という言葉は「自由」を暗黙にせよ前提としている、ということがある。

そして重要なことは「肢体不自由」が示唆する不自由と自由は、決して対立する存在ではない、ということである。それは言葉を換えれば「程度」の問題である、ということになる。確かに肢体不自由と肢体自由は対極・あるいは原点を越えるマイナス（負）を含むように見えるかもしれない。しかしそれはまた同じプラスの直線のうえでの差として理解することもできる。この立場からすればマイナスとはすでに存在の否定にほかならず、それを普遍的事実ということは決してできない、ということになる。おそらく人間にとって重要なことはその「拡がり」と「つながり」であり、人間が「身体でありまた精神でもある」ということもそのことと関連している。

このように考えると「障害」問題とは、この「障害・不自由」と「普通・自由」の距離・あるいは両者に関わる問題ということになる。あるいは「障害・不自由」と「普通・自由」の間の隔たり（距離）をどのようにとるか、ということは、その社会のあり方とともにそれを構成する一人一人の人間の肩にかかっている、ということができる。

私たちに必要なこと、それはまず何よりも、「障害者」の一人一人における「障害」についてまず耳を傾け、「自分に問いかける」、ということではないだろうか。「障害者」のさまざまな言葉を本書でできるだけ紹介しようとしたのも、「障害」を理解し、より「人間を知る」ための一助としたいがためにほかならない。

はじめに

最近は「病気」という言葉とともに「障害」という言葉がずいぶんと使われるようになった。たとえば以前は「精神薄弱」と言われたものが「知的障害」という言葉で特に福祉やリハビリテーション分野で使われるようになった。しかし病気ならそれは医療の対象で病院という治療施設のお世話になるという単純な図式が成り立つが、「障害」はそう簡単にはいかない。「障害」は病気だけでなく社会のあり方にも関わるさまざまな面に深く関わっている。では一体その問題の本質はどこにあり、その解決には何が必要なのか。

もっとも単純な理解は客観的分析あるいは自然科学的分析で、これには「障害」モデルとして登場してきた国際「障害」分類におけるインペアメント（機能「障害」）を重視する機能的立場がある。しかしそれだけでは実際の「障害」の全体を捉えることはとうていできない。

それはたとえば地球の衛星である「月」を理解しようとして、それを手に取り（もし私たちがとてつもない巨人であるとして）自分たちのテーブルの上においてながめたとしても、それで月のすべてを知ったことにならないことと同様である。月はそれ自体の特性だけでなく、地球との距離、その軌道と傾き、自転速度と周期、太陽との位置関係、それらもろもろの特異性の関係全体によって月という存在が成り立っているのであり、それを抜きにして月という存在を理解することはとうていできない。

この点からすれば、「障害」をただその人だけを取り出して論じることの無意味さは明らかだろう。さらに「障害」は「月」の場合のようにそれを取り巻くさまざまな関係性によって理解し尽くされるのかといえば、決してそのようなことはない、ということにも私たちは注意を払わなければならない。なぜなら「障害」の当事者は決して物のように物理的法則によって規定され、計算される存在ではなく、なによりも人間という意志と感情と知性を持つ存在だからである。したがって「障害」について考え、この問題に取り組むことは人間存在そのものの本質的考察と決して切り離すことができない、ということは明白である。(1) したがってここでは「障害」についての広範な問題の区々《まちまち》には立ち入らないで、その本質的側面に限って考察をすすめていきたい。

《目　次》

第一章　「障害」を考える糸口

「障害」について考えるうえで、まずみておかなければならないのは、「障害」という言葉が用いられるようになったのは最近のことで、古くからあった考え方ではない、ということがある。

たとえば仏教で言う人間の苦は生老病死であり、そのうちに「障害」という苦は含まれていない。もちろんそれは当時、視覚「障害」や聴覚「障害」、身体「障害」がなかったということではない。ただ目が見えなかったり、耳が聞こえなかったりすることは病に属することであり、「障害」とみなされていなかった、ということがある。

あるいは我が国では戦前の施策は救貧ということが中心で、「障害者」を対象とした施策は、その原因が国家の戦争行為にある傷痍軍人に対してみられただけで、一般の人々を対象とした施策はほとんど行われていなかった。

それが広く制度として国民全体に対して行われるようになったのは我が国では戦後の「身体障害者福祉法」（一九四九年）以降のことに属する。

すなわちまず確認しておきたいことは「障害」はその存在自体が近年になって歴史的に認められてきたということであり、その対策が施されるようになったのはそれほど古いことではない、ということである。では「障害」と病気はどこが違い、その言葉の由来はどこにあるのだろうか。

＊ただし戦前においても精神科の「松沢病院」（東京都）や結核を対象とした「東京市療養所」などの一部の病院で一般人を対象に今日の「リハビリテーション」に相当する「作業療法」が行われていたこと、あるいは第二次大戦中に宮本忍によって結核患者の社会的復帰を念頭に「医学的治癒」に対する「社会的治癒」が提唱されていたことは、リハビリテーション医学の普遍性を物語る貴重な経験として銘記されてよい。

一 「障害」という言葉の意味の拡がり

人間が生きていく途上で病気や怪我によって身体の機能が失われることがある。たとえば脳卒中では脳の血管がつまったり損傷することによって脳の機能が失われ、命に別条はなくても半身に麻痺や不随が残ることがある。あるいは交通事故により脊髄や頸髄が損傷して下肢の麻痺や四肢麻痺・体幹麻痺で身体の機能が失われることがある。また老化によってものが見えにくくなること、階段を上ることが難しくなること、記憶力や注意力の衰えということもある。しかしそれらの「欠陥」を示すために「障害」という言葉が必要となったのだろうか。これから述べるように、この背景には「障害」に対する認識の深化がある。

●「障害」の原因としての環境

「障害」について考えるうえで、大きな手がかりを与えるものとして一九八〇年にWHO（世界保健機関）により公表された国際障害分類ICIDHがある。それは「障害」という言葉によって、それまでの疾患（医療）中心の立場から、より包括的に疾患と人間を捉える視点、すなわち「障害」は本人だけの問題ではなく、それを取り巻く環境によっても引き起こされる、ということを提起した。そしてこのことは、特にその後二〇〇一年に改正された国際生活機能分類（ICF）によって明確となった。

すなわち少し言い方を換えれば、「障害」を孤立した存在として考えるのでなく、環境の中で、社会との結びつきの中で具体的に考える、ということである。これをさらに押し進めれば、重度障害者生活自立運動の「障害」は社会的産物である、という主張に達する。

●「環境を変える」ということ

「障害」が環境だけに関わる問題だとすれば、「障害」問題はそのような外的な工夫で解決される、ということになる。仏陀が「障害」を生老病死と同じように扱わなかったことは当然であったかもしれない。

しかし「障害」の問題は環境を変えること、たとえば生活上の不便（「障害」）を少なくする工夫によって消滅するのかといえば、決してそのようなことはない。たとえば下肢の障害に対して車椅子を利用することはきわめて有効ではあるが、畳の生活を基本とする伝統的日本建築においては伝統的な所作になじまないということがある。狭い茶室に車椅子で入ることは物理的に困難であると同時に、その独特の雰囲気を変えてしまうということを免れない。また現実に人間の身体機構の複雑さを考える時、それをすべて他の手段で取り除くことは非常に困難であるし、経験的にもそのような解決がすべてでないことがある。

たとえばこのことは感覚障害において特にみることができる。視覚障害は科学が発達して新たに「視覚」自体を取り戻すことができればそれに越したことはないが、現在の技術ではたとえば文字を読み取るなどの技術はあっても視覚自体を機械的電子的に再現することは難しいし、それが可能だとしてもそれが適応できる人は限られているという問題がある。

また「痛み」をもたらす痛覚が失われることは、本人が怪我をして出血していてもそれに気づかないことがあり、生命に関わる深刻な事態をもたらす危険性があるが、それを機械的に全身のセンサーによって補うことは今のところ難しい。私の知り合いの脊髄損傷の方はたえず下半身の皮膚の状態を鏡などを用いてチェックしていたが、たまたま寝込むことがあり、その結果、感覚が失われていた下肢の皮膚が炎症を起こし、その全治にはひと月を要したという。

あるいはさらに同じ頸髄損傷を負っていて、その麻痺の部位や程度もほとんど等しい人が二人いたとしても、その「障害」の受けとめ方やその後の生き方が同じということはまずありえない。むしろ「障害」によってその人の人生の見方と生き方の違いがより鮮明になる、ということがある。

これは筆者がかつて作業療法士として勤めていた時に経験したことであるが、同じ頸髄レベルの障害の程度がほぼ等しい頸髄損傷にあっても、その受けとめ方には人により大きな違いがあった。それは周囲の環境、たとえば田舎で農業をしているか、都会に住んで勤め人であるか、結婚しているか、その家族の様子はどうか、年齢はどうか、経済的状況はどうか、などの違いがあり、また障害の受けとめ方も人により大きな差があった。これはそれまでのその人の生き方からすれば当然といえるが、少なくとも人間以外の動物ではみられない多様性がそこにあることは確かであろう。

だから少なくとも言えることは「障害」の存在は決して当事者の生き方を一方的に決めるものではないし、むしろ多様なその人の経験や考え方に応じたさまざまな生き方が生まれるきっかけともなりうる、ということではないだろうか。次にそのような例を実際にみてみよう。

（なお、上田敏はこの人間における「障害」の多様性に関して、すでに一九八一年の著書『リハビリテーションを考える』において「体験としての障害」として触れており、障害が決して「客観的障害」によって言い尽くせないことを明らかにしている[2]）

二「障害」と環境・技術

これまで「障害」が客観的側面から主観的側面まで、さまざま面を持つことをみてきた。ただし「障害」を道具としての身体の問題（運動）に限る時、そこに代替可能な部分もあることは確かで、たとえばテレビや照明などのさまざまな操作を一か所で集中してできる環境制御装置によってある種の「障害」が「解決」をみた例も存在する。ここではそれを少し詳しく検討し、あらためて「障害」との関わりにおける「能動的営み[3]」について考えてみたい。

●上村数洋《かずひろ》における「障害」の技術的解決

上村における「障害」は交通事故による重度頸髄損傷のため、完全に四肢・体幹の感覚運動機能が損なわれたことから生じている。道具として身体を見た場合にはその「障害」の日常生活に対する影響は重大で、ほとんどの活動に介助を要する状態であった。上村はそれを具体的に「女房を呼ばなければ何もできない身体でしょう。テレビのチャンネルひとつ変えるのにも、人の助けを借りなくちゃあいけないかと思うとわが身が情けなくて。かといって肝心の女房は病院にいる時とは違って、ずっと私のことだけを世話してくれるわけではないですからね。（略）呼んでもぜんぜん来てくれない状況が続いたもんで、イライラしてくるんですよ[4]」と述懐している。したがってその介助を少しでも減らすために息の力によってインターフォンのスイッチを入れて家族を呼んだり、テレビのチャンネルを変えたり、電話をかけるなど一五種類のさまざまな機器を制御できる環境制御装置はきわめて効果的で、「環境制御装置がつくまでの自宅での生活は地獄みたいなものでした[5]」と上村はその装置をきわめて高く評価している。

しかしこの場合、注意すべきは「障害」はその全体をみれば決して環境制御装置によって解決されたわけではない、ということがある。あるいはこの話をもって「だから技術的進歩によって「障害」問題は解決できる」ということになるわけではないというのも確かである。環境からの解決という点でみれば、環境制御装置は現在のところ日常生活の不便の言ってみればほんの一部を補っているにすぎない。では何が彼における「障害」問題の解決を促したのだろうか。

●技術的解決の先にあるもの

まず言えることは、上村自身が「障害」と考えていることと医学的「障害」（インペアメント）は必ずしも同じではないということ、あるいは彼が解決を求めていることと治癒とは同じではないということがある。たとえば上村以外の同様な「障害」を持つ人に環境制御装置があったとしても、実際にそれだけで日常生活がすべて自分一人でできるわけでないことを理由に、その効果をほとんど評価できないとしたとしても、それを否定することは誰もできないだろう。

しかし、少なくとも上村のような例の存在は、そのような技術的視点が「障害」問題の解決においてきわめて重要な役割を果たす場合があること、「障害」が生物学的、医学的問題にとどまらず人間の本質的あり方としての実存（Existenz）に関わる問題であることを示唆している。ではこの「障害」における「実存的問題」とはいかなる問題であり、そもそも「障害」と実存とはどのように関係しているのだろうか。

＊「実存」について

「実存」という言葉はドイツの哲学者ハイデガー（一八八九－一九七六）では人間の独特な存在のあり方を示す言葉として用いられている。すなわち実存とは椅子や家や道路などのようにあらかじめ用途（目的）が決められた存在（これを事物存在という）ではなく、さまざまなものになりうる可能性に満ちた人間の本来的なあり方を示す言葉として用いられている。

また実存は単にいろいろなものになりうる素材としてあるのではなく、自らの力で自分を変え、自分を創り出すことのできる自由な存在を意味している。それゆえハイデガーにおいて人間存在（彼の用語では「現存在」）の本質は「その実存にある」[6]とされている。

しかし実存という言葉が人間の本質に関わる、より身近な言葉として使われるようになったのはサルトルの『実存主義とは何か』によるところが大きい。そこでは「実存が本質に先立つ」について次のように言われている。

「それは、人間がまず先に実存し、世界内で出会われ、世界内に不意に姿をあらわし、そのあとで定義されることを意味する。実存主義の考える人間が定義不可能であるのは、人間は最初は何ものでもないからである。人間はあとになってはじめて人間になるのであり、人間はみずからがつくったところのものになるのである」[7]

すなわちサルトルに言わせれば人間はまず実存し、そのあとで定義される存在であり、それ以前には人間の本性は存在しない、ということである。

なお「実存」という言葉はしばしば人間に特有な特定のあり方を示す意味で用いられることがある。たとえば笠原嘉は「実存的次元」を「私という人間の一回性に関する次元」[8]（傍線筆者）と説明しているが、これは事物存在とは異なる「実存」という基本的な存在のあり方がもたらす存在者の特定のあり方であって、そのことがただちに「実存」を意味しているわけではない、というのが本書の立場である。

この意味では実存はA.ジュリアンの「人間という存在は本来あらゆる定義やあらゆる規範から免れているのではないだろうか」[9]という言葉の意味するところに近い。

＊先の上村の例における環境制御装置の果たした役割には、比較の対象をどの時点にとるか（たとえば「障害」以前か「障害」直後か）ということにも左右されるということをここでは指摘しておきたい。

第二章　実存的問題としての「障害」

「障害」を病気と比較する時、病気は身体自体に関わり、「障害」は身体と環境との関わりの中で生じるという本質的違いがある。すなわちこれを図示すれば次のようになる。

病気　〈私〉⇔身体
「障害」〈私〉⇔身体⇔環境

すなわちここで重要なのは、「障害」が決して特別なあるいは一時的な状態ではなく、日々の暮らしの中で日常的に存在し、病院の外での環境に関わるさまざまな問題が関わっている、ということである。

ただし医療でも生活あるいは環境（その専門機関としての病院）は基本的に治療を進めるうえで重要な要素であるが、そこで求められるのは何よりも直接に治療行為に関わる環境であり、広い意味でその一部とみなすことができる。ＩＣＵ（集中治療室）などはその医療的環境の最たるものである。すなわち医療における生活はきわめて特殊な環境であり、そこで生活することは最初から想定されていない、ということがある。

これに対して「障害」においては、その人が実際に社会に出てからの仕事や役割に応じた具体的な生活の場としての環境が問題となる。しかしそれは必ずしも病院のように「障

害」に対して配慮されているとは限らないので、その環境が「障害」を持つ人にとって生活できるか否かが大きな問題となりうる。たとえば車椅子を使用している人であれば、車椅子でも使えるトイレや机の配置、あるいは車椅子でも通れる通路の幅や段差の解消などは仕事をするためであれ生活するためであれ欠くことができない。

また時間軸において考えると、「障害」は現在の刻々と生じている問題であり、病気のようにそれを治してから……ということが成り立たない。

簡単に言えば、病気は身体の不調で、一時的状態ないし慢性状態にせよ治療を要する状態すなわち解決が求められる状態であるが、「障害」はそれが生活の中で日常的に存在し、その状態が普段であるという点において大きく病気とは異なる。したがって車椅子でも働くことができ、また生活できる環境は一時的なものとしてではなく、生活のための普通の設備として捉えられなければならない、ということになる。

したがってこのように「障害」を具体的にみるならば、「障害」が日常の中に存在しているということは、そこに死とはまた異なる重要なテーマが存在しているということでもある。それは「障害」が人間の持つ本質的な有限性によって生じているというだけでなく、未だ到来していない死と異なりそれが現に生じている、ということである。しかしこのことは、ただ単に不死の人間がいないように「障害」を絶対に免れていると保証されて

いる人間など存在しないということ、あるいはそれは人間が単に生物として身体を持つがゆえである、ということに尽きるものではない。

＊ここにおける病気と「障害」の区別は理論の上での区別である。現実には慢性関節リウマチのように病気が進行中でそれが「障害」をもたらしている場合も少なくない。その場合には治療行為自体が日常的に存在するという要素が加わる。しかしいずれにせよ「障害」が環境との関係において生じるという「障害」の本質に何ら変わりはない。

一 「障害」と人間の本質

「障害」は環境との関わりの中で存在することをこれまで見てきた。たとえば車椅子にとっての段差や視覚障害にとっての交通信号はその一例と言える。しかし「障害」はただそのことだけに尽きるものではない。重要なことは「障害」は人間という存在の本質に深く関わる人間に特有な存在のあり方の一つである、ということであり、他の動物には機能低下が生じたとしても「障害」はそもそも存在しえない、ということに注意しなくてはならない、ということである。

たとえばここで犬の脊髄損傷あるいは歩行不能について考えてみよう。ネットでユー

チューブを見ると、後足が麻痺して装具により歩行をしている犬の姿がいくつか紹介されている。だがそれは犬にもやはり人間と同じような「障害」に対する意識が存在しているということを意味しているのだろうか。

ただし誤解してはならないのは、「障害」が人間の本質に属している、ということは「障害」が事実として人間の誰にも存在している、ということを意味しているわけではない、ということである。私たちは「障害」と無縁な人間を想像することはできる。それは実際には稀なことかもしれないが、しかしそれはありえないことではない。

すなわちここで言いたいことは、そのような経験的なことではなく、「障害」の存在を考える時、その存在が人間の本質〈私〉としての価値観と深く関わっているということである。したがってこのことは決して「障害」と「健常」の境界がグラデーションを成し、連続しているということを意味するものではないし、また実質的に両者に大きな違いが存在していると言おうとしているわけでもない。そもそも「障害」の存在自体が人間の本質的あり方を離れて存在しえないし、それは人間に固有なものとして実存的意味において理解しなければならない、ということである。この意味で「障害」はその存在自体を、環境よりも、脊髄損傷よりも、偏見や差別よりも以前に、なによりも人間存在のあり方自体に負っていると言わなければならない。

二「障害」の実践的側面

「障害」は人間と離れてそれだけで存在しているわけではないとすれば、具体的に「障害」は人間にどのようにしてもたらされるのだろうか。一般的に言うならば「障害」はまず人間における実践と不可分の関係において存在している、と言うことができる。

実践のないところに「障害」は存在しえない。山はそれをたとえば風景とみてその景色を楽しむならば、そこに「障害」が存在する余地はない。しかし現実にその山を越えて向こうの町に行こうとする時、その山は現実に「障害」として意識され、厳然と立ちふさがる。

したがって山を「障害」として存在させるのは人間のその向こうに達したいという意図ということになる。あるいはもし誰かが、病気でもなくベッド上で空想にふけり、さまざまなことを思い巡らすことだけでぼんやりと満足しているなら、その人にとって「障害」はほとんど存在しえないということもありうる。

ドイツの哲学者ヘーゲル（一七七〇-一八三一）はこのような思いめぐらすことの自由を「自己意識の自由」と呼び「自己意識の自由は日常の生活とかかわりをもたず、日常の生活はほったらかしになって、思考と生活はまったく背をむけあっている。思考の自由

は、生活に満たされることのない純粋な思考のみを真理と見なすので、自由といっても、頭のなかの自由であって、生きた自由がそこにあるわけではない[10]」と述べ、「思考の自由」の先に「生きた自由」を位置づけているが、リハビリテーションにおいて求められる自由もこの意味での自由にほかならない[11]。

すなわち「障害」を浮かび上がらせ、存在せしめるのはあくまでも実践・生活の中においてであり、そこで「障害」は直接把握されるものとしていわば手応えとして私たちの前に現れる。この意味で「障害」は世界と具体的に関わる人間の存在を抜きにしては語ることができない（逆に言えば実践と切り離して人間それ自体を見るならば、そこに「障害」が存在する余地はない。従来の医学で「障害」が対象として認められてこなかった理由がここにある）。

ただしこの場合の「障害」は決して否定的な意味だけを帯びているわけではない、ということには注意を要する。立ちふさがる大きな岩はその向こうに達しようとする具体的意志によって「障害」となるとしても、それを生み出すものは、そのような強い実践的意志の存在である。この意味でこの場合の「障害」の存在は人間存在のむしろ能動性、挑戦というすぐれて積極的なあり方の一部でしかない。むしろこの場合の「障害」は実践の中で、その動機の一部として「やりがい」となることさえ決して稀ではない。難しいからそれに挑戦する、それを解決することの喜びは何ものにも代え難い、ということがある。たとえば一九八二年にエベレストの山頂に立ち、七大陸最高峰を最初に踏破したパトリック・モローは「登山家としての長い経歴の間に親しい友人をたくさん失ってきた。私もそうだが彼らは全員、山との関わりを保つには危険がともなうことを了解していた。死にたいと思った者は一人もいないが、もし選択の余地があったなら何よりも愛した活動にうちこんでいる最中にこの世を去ることを選んだだろう[12]」と記している。

この点からすれば、本論で採り上げる（身体などの）「障害」は実践と切り離すことができないという共通性を持っているとしても、そのような「健常者」における実践に必然的に含まれる「抵抗」、「困難」、「障害」とは異なる側面が存在していることも認めなければならない。すなわちそれは「障害」を「否定的な存在」あるいは「欠性」として単独で存在せしめる別の経験である。ここでは「障害」と「困難」の本質的違いを踏まえたうえで、さらに「障害」とは何かについて考察を進めたい。

＊「障害」が実践と本質的に関係していることは、リハビリテーションの実践的性格と共通するところがあり、また作業（作業療法）の意味を論じるうえできわめて重要な手がかりを与える。すなわち作業はここでは環境との関わりにおいて「障害」を露わにすると同時にそれを通して「障害」を解決する役割を担っている。

第三章　現実的存在としての〈私〉と「障害」

私たちの知識には比較や観念によって得られる知識と実際に五感を通して直接得られる知識すなわち直観による知識が存在している。このうちもっとも確実で知識の土台をなすものは直観による知識である。

これに対して比較による知識や評価が相対的であることは、たとえば「この自動車は当時としては画期的であった」、「そのような研究の誤りは当時の技術水準から言えばやむを得なかった」のように、その言葉からだけでは真偽を確かめることができず、他のさまざまな知識を必要とすることに示されている（二次的知識）。しかし、確かなこと、あるいは重要なことは、その作品なり製品なりを目の前にした時の評価であろう（一次的知識）。

これを「障害」について当てはめると「障害」が当事者において観念であり、直観による存在でないこと、あくまでも比較による存在であること、言い換えれば「障害」は「実体」（他の存在に依存しない独立した存在）ではないこと、相対的な存在であることを意味している。

このことは国際統計で諸外国における「身体障害者」の割合を見るとよくわかる。たとえば「障害者」の割合ではスウェーデン三五％、アメリカ二〇％、イギリス一〇％、などの数字を見ることができるが、では実際にスウェーデンでは「障害者」の数自体が何らかの原因で多いのだろうか。しかし、よくよくそれらの国で言われている「障害」の内容を見ると、スウェーデンでは交通機関の利用困難、アメリカでは〇・四キロ歩くのに問題がある、階段を上りきるのに困難、新聞を読むのに困難、などの例が挙げられており、「障害者」の定義自体が国により違いがあり、それによって「障害者」の割合もまちまちであることがわかる。そしてこのことは先に述べた「障害」が生活・環境依存的存在であることと密接に関係している。

すなわち別の言葉で言えば、質的に「障害」は先に生活・環境との関わりにおいてみたように「事物存在」ではないこと、あるいはそれ自体で存在しているのではないということに加え、これから考察するリハビリテーションにおける「障害」においては、「比較」という関連づけがきわめて重要な役割を果たしているということがある。そしてこのことはまた「障害」が直観によってもたらされるのでなく「比較」を通して得られた「観念」として存在している、ということを示している。だから「障害」はその定義がきわめて困難であり、基準の統一が不可能であることを免れない。「障害」に関する客観的な国際統計が今なお得られないことはその一つの証拠である。(13)

しかしこのことは、また「障害」問題の解決の道をも示唆している、ということにも注意しなければならない。すなわち「障害」が人間の本質に属し、その存在が必然であれば、その存在を排除(解消)することは自己否定に陥るがゆえに原理的に不可能であろう。しかしそうでなく、それが偶然的相対的な存在であるとすれば、それを考察し、解決の道を探ることは決して無駄ではないということになる。

だがそのためにはまず「障害」という観念がいかなる観念か、いかにしてそれが実存の構造と深く関わっているかをみておかなければならない。

一 有限性―有限性を了解することは無限性をともに了解すること

「障害」を通して私たちがあらためて実感するのは、人間は限りある（有限的）存在であるということではないだろうか。たとえば私は現在六七歳であるが、以前より階段を上れば息切れがしやすくなったし、本を読む時には老眼鏡が必要となった。有限的とはこの場合、「年をとる」あるいは限界を持つということであるが、しかしこれは逆の見方をすれば無限性を了解しているということでもある。すなわち有限性と無限性をともに了解している存在、すなわち両者をその幅において、全体にわたって存在する存在者（人間）においてはじめて有限性ということの理解が生まれる。

この有限性はまた、人間存在が免れることのできないこととしての「被投性」あるいは「引き渡しの既成事実性[14]」にも深く関わる。すなわち人間は誰しも始まり（誕生）を持つが、一人としてその誕生を自ら創り出すことはできない、ということがある。すなわち私たちはこの世界へと〈私〉を原因としてもたらしたのではなく、私の意志を超えてすでに投げ入れられた存在、すなわち被投的存在として存在しているのであり、したがって実存の自由とはその中で自らを未来に向かって投げかける被投企的投企の上に成り立っている、ということになる。

それゆえ人間における有限性とは決して身体の限界ということだけに解してはならず、同時にそれを超えた実存の本質的あり方から理解しなければならない。

二　欠性―何かが欠けているということ、過剰も抑制の欠除である

「障害」はそれを広くみれば有限性によって了解することができる。ただし有限性による理解は「障害」という性格を十分に説明するにはなお不足がある。なぜなら有限性は実存に共通の存在するあり方であり、「障害」という（特別の）有限性を示すにはふさわしいとは思われない。

さまざまな「障害」について、精神「障害」から身体「障害」、発達「障害」に至るあらゆる「障害」に共通することとは「欠性」（何かが欠けている）ということである。過剰

にあること、たとえば多動ということも「障害」に含まれるのかという問題も、その抑制の欠如として理解することができる。「障害」は何かが欠けている「欠性」という存在のあり方を抜きにしては語ることができない。

しかしこの欠性という存在も、あくまでも実存のカテゴリーとして理解しなければならないことは重要である。すなわち欠けていることは、それ自体で見れば、すでに一つの事実として存在しているのであり、その状態だけを見るならそこには何らの欠性（欠損）も見いだすことができない。

このことは比較ということを持ち出しても変わることはない。なぜならそれは別の違ったあり方が存在するということであり、違うことがただちに欠損した存在となるわけではない。ヒトコブラクダは決してフタコブラクダの欠損ではない。

すなわち欠性とはあるものが存在しないこととして存在することを了解する存在、簡単にいえばハイデガーの現存在に特有な存在性格にほかならない。存在しないこと、欠けていること、不在の了解はそもそも存在を了解している存在（現存在）においてのみ可能な出来事であり、「障害」が現事実（人間存在に固有の事実）である、ということがそこから導き出される。

したがってこの意味（比較）において「欠けている」存在として先天的「障害」を解す

れば、先天的「障害」に対するリハビリテーションという言葉がRehabilitationに含まれるRe（再び回復する）という意味にそぐわないとして、「ハビリテーション」という言葉をわざわざ用いる必要はないということになる。(15)

ただし「障害」において欠性は決して絶対的ではない、ということにも注意しなければならない。それは死の絶対性に対する「障害」の相対的不可能性・困難という性格である。

たとえば四肢麻痺の人は思うように普通の絵筆を使うことができない。だから以前はそれを準備する人の手伝いが必要だった。しかしコンピュータ・グラフィックであればパソコンを操作するだけで容易に画面上で絵を描くことができる。これを先に紹介した上村は「私のような四肢麻痺の障害者が絵を描く場合には、普通で考えると介助者なしでは不可能なんですね。口でペンや筆をくわえて絵を描くわけですから。つねに横に介助者がいて紙を一番いい位置に合わせたり、絵の具をつけ直したり、筆をくわえさせたりと。だけどパソコンだったら、そういうことは必要ないんです。画面に向かって絵の具を呼び出せば絵の具が出てくるし、筆を呼び出せば筆が出てきますから(16)」と語っている。

「障害」で問われていることは生であって、死という終わりではない。「障害」はまた別の生のあり方の一つの可能性という観点から考えなければならない。

＊ここで「欠性」に対して「完全」をあえて対置しなかったことは、先に有限に対する無限を対置したことに反するように見えるかもしれないが、欠けていることをもたらす性格は必ずしも「完全」を基準としていない、という可能性を考えたからである。「障害」を一律に割り切って考えることの難しさがここに示されている。

＊「欠性が」それを通して存在を露わにすることについては、廃墟が美術における重要なテーマとして採り上げられていることでもわかる。

三　喪　失——「欠性」だけでなく、存在した機能が失われる体験である

「欠性」とともに「障害」を正確に表現しようとするなら「喪失」ということを考慮に入れなければならない。それは中途「障害」の場合には「障害」はただ「欠性」だけでなく、存在した機能が失われるという体験を伴っているからである。

では喪失とは何だろうか。一般的に言えば喪失は人生のさまざまな場面でさまざまな人が体験する深刻な出来事として記憶に刻まれている。特に我が子を失うこと、最愛の人を失うことの喪失感は計り知れない。しかし、喪失はただ単に愛着を抱いた存在が失われるということではない。喪失をもたらすものは失われた存在が、〈私〉の中には未だ存在し

続けているという思いである。本当に失われたものは、すでにその失われたという存在さえも失われた場合である。忘れたことさえ忘れてしまう、ということ以上に完全な忘れることがあるだろうか。

すなわち喪失とは、完全に失われたしまった存在が、しかし未だに〈私〉の中には存在し続けているということにほかならない。あるいはその過去の思いが強ければ、それに応じて喪失感が一層増すということになる。たとえばそれは五〇歳頃から「網膜色素変性症」により徐々に視力を奪われる「障害」を体験した中村栄一がはじめて訓練施設を訪れた日の言葉が如実に示している。

「あの日は昼間から雨催いで、時折強い雨が地面をたたきつけ、建物の中は昼間から暗かった。それなのに、夜になっても電灯もつけず、知らぬ者同士が向かい合って、互いに遠慮がちに話しをしていた。私にはその光景が耐えられなくて、一人で考え込んでしまった」[17]。

しかし中村はその後、四五日間の短期生活訓練を受け、「徐々に暗く閉ざされた世界から解放され、人間性を取り戻し」再び明るく力強く生きようとする意欲を抱くまでに回復を遂げることとなる。

あるいは私がある日、脳卒中に襲われ、半身の手足が突然動かなくなったとする。私はたぶんうろたえ、前後の見境がなくなるかもしれない。しかし私は私の身の上に起こった出来事を理解することができる（たぶん）。私の身体はもはや以前の身体ではない。あのせわしくキーボードを軽快に叩いたあの指の素早い動きは完全に失われてしまった。あの町中を散策し、カメラのシャッターを切ったあの日々をもう一度繰り返すことはおそらく永遠にできないだろう、と思いをめぐらす（だろう）。つまり私は「障害」者になってしまったという現実に否が応でも直面しなければならない。

この場合に「障害」という出来事を理解させるのは以前の身体とは異なる身体になってしまった、という私の思いである。私が思いどおりに動かすことのできた身体と今のどうすることもできない身体との違いである。その違いが私に私が「障害」者となったという思いをもたらしている。

すなわちこの場合、「障害」の存在を告げ知らせているのは、中村の時と同じ過去と現在にわたり、現在のうちに過去を、過去の内に現在を見る時間の中に生きている時間的存在としての人間の根本的なあり方にほかならない。そのようなあり方こそ〈私〉において「障害」を「障害」たらしめる根拠にほかならない。

したがって片麻痺という「障害」を例にとると、その喪失感の深さが単に麻痺によるだけでなく、外見はそれほど変わらずに残された身体の存在がかえって喪失したという思いの強さをもたらす場合があることが理解できる。重要なのは機能的な「障害」の程度と喪失感の深さが必ずしも比例していないことである。(18)

〈上田敏先生との対談①〉

「全」にこだわった「リハビリテーションは全人間的復権」

加賀谷　上田先生の本を読み直させていただいて、自分の言っていることの原型が先生の本の中にあったので、ちょっと恥ずかしい感じがしました。たとえば、顔にアザのある女性のこともちょっと本文で触れたんですが、それも先生が一九八三年の本の中で触れられていて、説明もちゃんとされていた。それを知らないで書いてしまいました。

淑徳大学に行った時も、先生の『目で見るリハビリテーション医学』というのを教科書で使わせていただいて、学生にも伝えたいなと思ったんですけど。一番難しかったのが、先生が冒頭で「リハビリテーションという言葉が、非常に誤解が多い」ということをおっしゃっていますが、その誤解がどういうことがなかなか難しいなってだんだんわかりました。「それは誤解だ」と言ったって、誤解があるということ自体も学生さんはわからない、ちょっと失敗だなというので、今は変えているところなんです。

先生が、「リハビリテーションは全人間的な復権」というふうにおっしゃっておられますが、その全人間的復権ということを、どこからそういう考え方を抱かれるようになったのかということを教えてもらいたいなと思いました。

上田 あなたから「一貫して全人間的復権を言っていて、単なる人間的回復ではなくて『全』にこだわっている」と言われた時に、私は確かにこだわっているなと思いました。

権利の回復であるということに気がついたのは割に早いのですが、アメリカでそれを学んだわけではありません。アメリカでは、リハビリテーションというのは「犯罪者の社会復帰」という意味で始まっており、それを医学の分野に使っているというだけで、誰からも、そもそも「リハビリテーション」という言葉とは何か、なんていうことは教わらなかったんです。

日本に帰ってきてしばらく経った時に、あるきっかけで、「権利の回復」であるということを知って。それで少し調べてみたら、やっぱりリハビリテーションというのは、権利とか名誉とか資格とか尊厳とかの回復であるということで使われていることを知りました。歴史的にも、ジャンヌ・ダルクのリハビリテーションということもあれば、ガリレオのリハビリテーションということもある。それを日本語に伝える時に、「権利の回復」だから「復権」でいいんだけど、復権というだけだったら、それは法律的な用語にしか思えない。人間のことであることは間違いないわけです。「人間復権」、「人間的復権」でいい。なぜそれに「全」を付けたのかというのは私もよく覚えていないんです。『目で見るリハビリテーション医学』で初めて使ったんです。一九七〇年にこの本の初版の始めのページで「全人間的復権」という理念を謳っています。なぜ「全」なのかということは書かず。「人間らしく生きる権利」と言ったような気がします。

加賀谷　第二版でもそういうことを書かれていますよね。

上田　そこで、こういうことなんじゃないかなと思うのは、この本の五ページで「患者のニーズの構造」(とこの時は言っています)の図を出しています。ニーズの構造には機能障害を包む心理的問題があって、家庭内問題があって、社会的問題があるという。患者のニーズというのは非常に複合的なものであって、その全部が解決されなくちゃいけないということを言いたかったんだと思うんです。まだＩＣＩＤＨ（国際障害分類）も出ていない時期だから、障害の構造ということを私としては模索していたのですね。ＩＣＩＤＨは、十年後の一九八〇年ですからね。

リハビリテーションの全体性

上田　人間の問題というか、リハビリテーションが解決しなくちゃならない問題というのは非常に多面的だということは、やってみなければすぐにわかることであって、それをどう整理して、どういうふうにアプローチしていくかが大事なわけです。ただ、リハビリテーションは人間全体が対象なのであって、人間のあらゆる面において権利とか名誉とかが回復されなくちゃいけないんだというという意味ですね。だから「全」は、ずっと最初から本当にこだわっていたわけです。

（上田　敏・元東京大学教授リハビリテーション部）

第四章　他者による「障害」の気づき

私たちはこれまで「障害」について考えることを通して、その中に限りあることとしての「有限性」、何ものかが失われていることとしての「欠性」、かつてあったものが失われてしまったこととしての「喪失」、という実存に固有の存在のあり方を見いだしてきた。そしてその中でさらに私たちが見いだしたのは、私たちが有限性であると同時に無限性であり、欠性であると同時に十全性であり、喪失であると同時に失われないものの保持としての不変性・同一性を理解している存在、すなわち実存であるということであった。

しかし「障害」はただ〈私〉の内における比較によってもたらされるわけではない。「障害」の背後には必ず他者が控えている。他者の存在なくして「障害」（「障害」者）の存在はない。

端的に言えば「障害」が意識されるのは他者の面前においてである。たとえばどれほど重度の身体「障害」を持つように見える人でも、その人が最初から無人島に住んでいるとしたら、その人は自分が「障害」を持つとは思わないであろうし、周りに片手のない人が多くいれば（戦争中のように）、片手であることは深刻な「障害」とはみなされないかもしれない。すなわち「障害」はこの他者という地（背景）によって存在しているのであり、この意味で他者の存在抜きに「障害」を語ることはできない。ではそこにおける他者とはどのような存在なのだろうか。

一　他者の存在

人間存在がなによりも自分自身の存続をめざしているということは、決して〈私〉（実存）が孤立して、単独で存在するということを意味しない。実存はそもそもおのれ自身でありながら（本来性）、本質的に他者と共にある存在（共存在）として存在している。

しかしこの事実は私がそもそも生物学的にも、経済的にも、文化的にもさまざまな他者が現実に〈私〉の存在を支えているということを意味しているわけではない。確かに私の今の生活を見渡してみても、そこに見いだされるもののほとんどは私自身がつくり出したものではなく、大部分が他者のつくり出したものである。そしてそれをつくり出した他者もまた自分以外の他者がつくり出したものによって生活を支えている。私たちはそのような互いに助け合い依存しながら、それぞれの生活を営んでいる。

だが人間がそもそも共存在であることの根拠は、そのように生物学的、物質的に他者を必要としているということとは別のところにある。そもそも〈私〉という存在は他者という存在と切り離すことができるだろうか。他者の存在しないところでは〈私〉という存在が成り立つのだろうか。そして自我は他者の自我の存在を認めることによって、はじめて自我たりうるし、〈私〉という存在に気づくことは同時に他者という存在に気づくことではないだろうか（この意味で、蟻や蜂がその生態において役割を分担し緊密な相互関係を結んでいたとしても、それをもって蟻や蜂が他者を持つことはないし、共存在というあり方が存在しているとみなすことはできない）。

このことを「障害」に関連させて言えば、「障害」を意識させ存在させているものは、人間が絶えず自己の存在を意識しつつ、同時に他者と共に存在している、ということによっている。そしてそのように人間のあり方を理解することなしに、「障害」の人間的意味を理解することはできない。比較することはそのような共存在としての実存のあり方の一つである。しかし「障害」に関わる「比較」には、本質的に比較する立場の違いによって、二つの異なるあり方があることに注意しなければならない。

二　比較の対象としての他者と「障害」

「障害」の存在は他者の存在と不可分に結びついている。〈私〉が「障害」者であると意識するのは自己の内面を反省し、探ることによるのではない。他者との出会い、他者を意識し、そこにおける「比べる」という働きが「障害」を存在せしめるのであり、この場合その他者の存在は誰であれ欠くことができない。

たとえばこのことは生まれつき盲目のひとが、自身では自分が盲目であることに最初は気づかないという事実によっても知ることができる。生まれつき目が見えないAさんは、周りの世界を触ることによって確かめていたが、小学二年生の時、美術館で彫刻を触ろうとして姉から「触っちゃだめ」といわれ、触らないでわかる世界（見える世界）があることを知り、はじめて自分が目の見えない盲人であることに気づかされたという。

すなわち最初から目が見えなければ、それは他人からみれば不便に思うかもしれないが、もともとそのような生活をしていればそれが不便という思いも生じることはない。だから「障害」は比較するという経験によってはじめて生じる観念であり認識ということになる。

しかし「障害」の場合には、他者はたとえば分業のように、あるいは取引のように利己的行動であっても、それが結果的に互いに支え合っていることとは本質的に異なる他者の存在がある。なぜなら「障害」において他者はただ見守るのではなく、「障害」の存在を告げるのであり、その存在そのものの根拠でもある。この意味で他者は「障害」において本質的契機をなしている。

三 比較する主体としての他者と「障害」

「障害」における他者の存在は抽象的には比較の対象として示されるが、他者はただ比較される対象としてじっとたたずんでいるわけではない。すなわち他者は単に人体模型のような比較の対象ではなく、〈私〉と同じこの世界に関心を持ち、配慮しながら存在している現存在でもある。すなわち他者は世界の中で周囲を見渡し、何かを見分け、働きかけ、あるいは遠ざかる。

「障害」が世界の中で目に見える姿、たとえば車椅子に乗っている姿をとっていれば、「障害」の実存的意味は「障害」者へのその「まなざし」においてもっとも典型的に示されるだろう(19)。

そもそも「まなざす」ということは、ある視界のうちから特定の対象を選び出し、それを視線にさらすということである。対象に即していえば「目立つ」ことであり、視線を「引きつける」ということである。

「障害」の場合でみるならその比較するまなざしの内には自己とは異なる存在として「対象としてながめる」という視線の存在がある(20)。

たとえば「障害」児を持つ親にとって、他者が子どもを「好奇のまなざしで見る」、それも「密かに」盗み見るように見る、ということがある。すなわちそこには対象との距離があり、距離をたもちながら気づかれないように見る、という一方性（相互性の不在）が存在している。またその視線を受ける側においては、そのまなざしを避ける、見られないようにするということがしばしば見受けられる。このことはこの場合の「まなざし」が人に与える影響の深刻さを物語っている。脳性麻痺を持つA．ジュリアンはこのことについて「まなざしという試練は、必ずしも容易に通過できるものはない。あまりにもしばしば、それは過酷なドラマそのものであり、まなざしから解放されることは、おそらくもっとも困難な訓練である」[21]とまで言い切っている。それは「まなざし」の存在が「障害」の本質と深く関わっていることを物語っている。

四「障害」は告げられる

「障害」は存在するのではない。「障害」は「まなざし」において、宣告において告げられる。「あなたは「障害」者です。私たちとは違います」と。「障害」があり、それが表明されたということではない。告げられることにより「障害」は「障害」として認められたのではない。告げられることにより、そのことが「障害」とされるのであり、それは病名とは本質的に異なる存在規定（…である）としての「障害」の特殊性を示している。[22]この意味で他者は「障害」において本質的契機をなしており、これをここでは「障害」におけるもっとも基本的な構造・対他的構造と名付けておきたい。

たとえば脊椎カリエスによる肢体不自由二種五級を持つ樋口恵子がアメリカで鉄道に乗ろうとして窓口で交わした会話は、この「障害」は宣告において成り立つことを鮮やかに示している。それは樋口が駅の窓口で係員が「障害」者に対する優遇措置があるというので「わたしの場合は？」と尋ねたところ、相手がきょとんとするのでさらに「私が得られるメリットは？」と問いかけると「あなたは白い杖を持っていない（視覚「障害」者ではない）でしょ？」「あなたは車椅子ではないでしょう？」だから何も「障害」者じゃないといわれ「エー、そんなこと言われたって、いつも私には、女であるとか、子どもであるとか、人間であるとかいう前に、「障害」者としての位置づけが、パシッと貼られていたというのに。『エー。うっそー』の世界です」という驚きの経験が物語っているところである。[23]

すなわちこの意味で「障害」は他者を通してその存在を露わにするのであり、それは「障害」について考える時、この問題が必ず「他者」（あるいは社会）の問題に行き着くことでもわかる。[24]

たとえば我が国の「障害」者運動に多大の影響を及ぼしている米国の「障害」者自立運動の「我々が変わるんじゃなくて、社会が我々に合うように変わらなければならない。社会を変えることがまず先決なんだ。我々はこのままでかまわない。社会のほうこそが、我々に合わせなければならない[25]」という主張には、「障害」の問題を個人の問題ではなく、社会すなわち他者による問題と捉える視点がこめられている。

また一九七〇年に横浜市で起きた脳性麻痺児の我が子を母親が殺害した事件に関して、同じ脳性麻痺者である横塚晃一が「今回の事件が不起訴処分または無罪になるか、起訴されて有罪となるかは、司法関係者をはじめ一般社会人が、重症児を自分とは別の生物とみるか、自分と同じ仲間である人間と見るかの分かれ目である[26]」と述べているのも、この問題が事件それ自体を超えて、脳性麻痺者を「受けとめる」他者（一般社会）のあり方そのものに深く関わっていることを示している。

あるいはより身近な個人的な例としては左足をがんで切断し、「一本足の姿」となった高槻博が「何も悪いことをしたわけではない。病気で『一本足』になっただけだ[27]」と思いつつ、「最も苦痛である場所」として他人の目を逃れることのできない「もっとも人通りの多い場所」を真っ先に思い浮かべたことを挙げることもできる。

「障害」は他者という鏡に映し出されてはじめて「障害」として登場する。この意味で

「障害」は他者の存在と決して切り離して考えることができない。

ただしこの「障害」の告知の内容に関しては、現実にはそれを告げる〈他者〉が全体の一部（たとえば「専門家」）であることがあり、その場合は問題がわかりにくくなり、相手により混乱が生じるということがある。たとえば麻痺が軽い場合や色盲など特定の検査をしてはじめてその存在が確かめられるような場合、あるいは自閉症のようにその「障害」がよく知られていないような場合には、「障害」が存在していても気づかれにくいことがある。それは一見好ましいようには見えるが、当事者にとって自分が「健康」でもなく「障害」でもないというアイデンティティの困難をもたらし、また、つい過去の自分を思い出すことで落胆を生じさせるという別の問題がある。

また、逆に病院内では「障害」が日常のこととして受け容れられていたとしても、社会ではそのようなことが「普通」ではないということがある。患者が自らの「障害」を痛いほど感じるのは退院してから公共の場でそのまなざしにさらされる時であり、この意味でも退院は決してリハビリテーションの終わりではなく、むしろそこから真の意味でのリハビリテーションが必要とされ、始まる。ジョナサン・コールはこの病院という環境がリハビリテーションを進めるうえで自ずから限界があることを踏まえ、患者が社会的スキルを学ぶことの重要性を指摘している。[28]

ただ、「障害」を告げられることは必ずしも否定的結果をもたらすとは限らない。たとえば公に「障害」と認められることによって無用な誤解が解けるなど、当事者にとって好ましい場合もあり、告げることが一概に問題だとは言えない場合がある、ということは注意を要する(29)。

たとえば弱視者の木村朋子は「障害」者として認められた時の体験を「小さい頃から目に関しては人に引け目を持ってきたわ。なんで私だけみんなと同じことができないのかなって。人より劣っている気持ち、劣等感みたいなものは表に出さないようにはしてきたけど、自分の中でずっと持ち続けてきた。だけどね、私、身障者手帳をもらった時に目のウロコが取れちゃったのよ。国が自分のことを「障害」者として認めてくれたわけでしょう。ああ私、国が認めてくれるほど目が悪かったんだ、できなくて当たり前だったんだ、ってほっとした」と語っている。すなわち「障害」者であることの告知と差別の問題は別に考える必要があることを示している。

しかしこれらの問題も結局は「障害」が他者との関わりを離れて存在しないことの一つの例証として、すなわち「気づかれない(告げられない)」ということを含めた「告知」の問題として考えることができる。

したがって「障害」に起因するさまざまな問題を考えるためには、さらに「障害」の構造を当事者と他者の両面からその全体をみる必要がある。

＊「障害」は宣告において成り立つ、ということをさらに押し広げるなら、「障害」自体が存在しない世界を想像することは決して難しいことではない。

＊「障害」とまなざしに関する優れた研究として西倉実季の『顔にあざのある女性たち』がある。これは「障害」は他者との関係を抜きにして語れないこと、すなわち「障害」の基本的性格は異なる存在に対するまなざしに示されることを明らかにしている。もし純粋な「障害」というものが存在するなら、このまなざし・容貌による「障害」こそ、その名に値するのではないだろうか。なぜならそれは「障害」の本質的部分をなす「ハンディキャップ・社会的不利」そのものにほかならないからである。[30]ただし、だれもが「障害」にそのようなまなざしを向けるわけではない。女性のAさんは自分の「顔のあざ」がさまざまな痛みをもたらしていることを身内でさえなかなか理解してもらえないもどかしさを感じていた。しかしその「痛み」を肉親以上に手に取るように理解してくれたのが義兄だった。西倉はそのような人のことを「奇跡の人[31]」として紹介している。

第五章　多面的な「障害」の構造

〈私〉において「障害」が生じるということは、存在論的に言えばそれまで特に意識することなく接してきた他者が、それまでとは異なる存在として現れるということである。それは直接的に人と人との対面において示されることもあれば、物理的な環境（バリアー）として示されることもある。すなわちその環境の背後には他者（「健常者」）の存在があり、それを痛感させる「障害」者である私の存在がある。[32]

それではそのことは自己の存在（実存）と「障害」との関わりにおいてどのような意味を持っているのだろうか。

一　「障害」の外在性

これまで「障害」が他者との関わりにおいて存在するとすれば、「障害」は〈私〉自身の内には存在しないということをみてきた。もし私自身のうちに存在するとすれば〈私〉は〈私〉の内面を見つめ、自問自答し、自分の内にその答えを見いだすことができる。しかしそれが他者を媒介として存在するとすれば、その存在は〈私〉の外に見いだされるはずである。まずこのことを確認しておきたい。

たとえば先に取り上げた木村朋子は「身障手帳を申請したのは二〇歳の時。専門学校を卒業して就職試験を受けたんだけど、目が悪いからなかなか合格しなかったのよ。学校が社会福祉科だったから、福祉施設の現場で働きたかったんだけど。私を見たら、とても危なくて働かせるわけにはいかないって。どこを受けても落ちちゃうもんだから、担任の先生が「あなた、一般企業の「障害」者枠で受験したほうがいいんじゃない？」って言ってきたのね。そのとき私は何のことを言っているのか全然わからなくて。まさか自分が「障害」者なんてそれまで考えたこともなかったし。嘘でしょう、また冗談ばっかりいって、なんて感じだわよ[33]」と自分が「障害」者であることを外から知らされた経緯を語っている。

しかし「障害」の外在性についてR・マーフィーが与えてくれる示唆にはまた別の考察が含まれている。マーフィーはそれを「自分のからだに対する距離」として語っている。たとえば「自分の四肢に言及するのに（「私の足」とか「私の腕」と言うべきところを）『その足』とか『その腕』と言ってしまう。私ばかりか、私の面倒をずっと見てくれている人々もこういう変則的な（私の足や腕が私のものでないかのような）言葉遣いをする。このように非人称化することで、彼らは人のからだを取り扱うというふつうならひどく気まずい仕事を、やりやすいものにしようとしているみたいだ[34]」と自分の身体がもののように自分の外にあるかのように感じられる経験を語っている。マーフィーはそれを「脳の思惟活動が動きの中へと溶けこんでいかず、心がもはや身体運動との内なる対話に没頭することができない」[35]こととして表現している。マーフィーに言わせれば、それはとりもなおさず「身体麻痺が人間の実存に与える深い影響」にほかならない。

しかし、もう一つ重要なことは、もしそうだとしても「障害」（された手足）はまったく〈私〉の外に〈もの〉のように〈私〉と切り離されて存在しているわけではない、ということがある。なぜなら「障害」はそれが他者との関わりにおいてはじめて存在するにせよ、いくら言い張っても「障害」は〈私〉の外に〈私〉とは無縁のものとして存在するのではない。それは〈私〉の一部として、あるいは〈私自身〉に属するものとして存在し続けている、というまぎれもない事実である。ではこの一見矛盾するように見えるこのことを、どのように理解したらよいのだろうか。

二「障害」の内在性

「障害」が外部にあり、同時に〈私〉の内においても存在していることは〈私〉が自らを「「障害」者とみなす」ということにおいてもうかがい知ることができる。「障害」者であることは、まず〈私〉が誰かによってはじめて「障害」者として知らされるということではない。〈私〉はそのように宣告されるまでもなく、〈私〉自身が「障害」を持つことができること、その可能性を予期することができる。だから人は自分が「障害」をすでに持つか否かにかかわらず「障害」を理解することができ、「障害」を他人事として決して考えることができない。

そしてそのような〈私〉の外でありながら内でもある存在として、私たちは身体を挙げることができる。[36]「障害」が存在しうることの了解は他者としての〈私〉、すなわち〈私〉自身が本質的に身体性を帯びているということを抜きにして語ることはできない（この点は死の可能性も同様である）。

したがって〈私〉は身体を帯び、身体と切り離すことのできない存在である以上、〈私〉は「障害」を離れて存在しえない。再びマーフィーの言葉によって「障害」が私の実存と深く関わっていることをみてみよう。

「車椅子に最初に乗った瞬間から現在まで、自分が身体障害者であるということは私の意識を離れたことがない。どんなにいそがしく他のことにあたっている時も、それは影のように心の隅に潜み、私の思惟の全幅を占領しようと隙を狙っている。それは「遍在」だ。あの友人（黒人）と同様、私も戦闘用のアイデンティティに身を固めたというわけだ。自分が誰であり何であるかを規定するのは身体の欠陥なのであり、昔からの、白人とか男性とかという社会的属性ではもはやない[37]」。マーフィーの「障害」は彼の存在の内にしっかりとつながれている。

だから「障害」は他者によって告げられるにしても、それは自らの「障害」の可能性を予期し、理解できる実存においてはじめて成り立つのであり、告知は告知されるにふさわしい存在によってはじめて告知として成立すること、そしてそれが他からもたらされるとしても、それは内在する存在として告げられることを忘れてはならない。

三「障害」の全体

「障害」は深く心に迫り、その人の存在そのものに大きな力を及ぼす。それは「障害」が単なる外部だけではなく、〈私〉の内なる存在として〈私〉に深く関わっているからである。

だから「障害」について考えようとする時、大切なことは「障害」を部分ではなく、「全体」としてみること、すなわち別の言葉で言えば「包括的」に見ることである。たとえば「障害」には社会的側面があるが、そのことだけを強調すると、「障害」の社会的であり個人的である本質を見失うことになる。一方、心理的側面だけを見ると身体「障害」

が同時に人の全体に関わる「障害」であることを見過ごしてしまい、社会的問題があるにもかかわらず心理的問題としてそれが取り扱われてしまう危険がある。

たとえばある施設内で禁酒の規則があるにもかかわらず、一人の入所者が酔いつぶれて騒ぎを起こすことがある。それは確かに規則に違反することであり、あたりかまわずわめき散らし、物を投げつけることは危険も伴う。しかしそれを個人的な心の問題として片付けることは問題の解決にはならないだろう。なぜならその行為の奥には彼の将来に対する不安や現在の境遇に対する不満が横たわっているかもしれないからである。

大事なことは身体が「障害」されていることと「障害」の経験は区別して考えなければならないとしても、その全体が「障害」という存在をなしていることを忘れてはいけない、ということである。

ここで「障害」の最も基本的な構造を図示する。

「障害」の構造

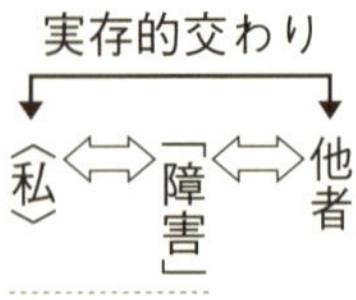

＊「障害」は〈私〉の外、他者とのあいだにある（破線）、というあり方で〈私〉の内として存在している。〈私〉のみで存在する限りそこに「障害」は存在しない。実存的交わりとは「障害」を含む実存としての〈私〉（全体としての〈私〉）と他者が交わることである。

ではこの簡単な図式から読み取れることは何だろうか。それはただ〈私〉と私に対する「障害」と「障害」を告知する他者がそこに存在している、ということだろうか。いやそうではない。ここで示したいのは、それらの要素が深く関わり合った全体として「障害」が存在している、ということである。

● 「障害」の介在性

この図からまず言えることは、〈私〉は「障害」を通して他者と関係し、他者もまた「障害」を通して〈私〉と関係しているということである。「障害」が共通の言葉をもって互いに理解できる（と思われている）のはこのように共通の同じ対象を〈私〉と〈他者〉が認めているという経験的事実によっている。

もし互いに「障害」を仲立ちにすることがなくなれば、その時は本当の意味で「障害」が存在しない、ということになる。この場合、「障害」とは〈私〉にとって、また他者にとって（意識されない）「普通の存在」ということになる。

たとえば〈私〉にとって「障害」は〈私〉の自由にならない存在としてあるし、他者にとってもそれが彼らとは異なる「別のもの」として存在している、ということである。「障害」はそこにおいて両者から疎外されるものとして存在している。

したがって「障害」はもし〈私〉にとってだけ存在するものならば、そこにあるのは不便ということになる。すなわちそれは対象（物）の問題であって、〈私〉自身の問題とはならない。しかしそこに他者が登場し、それをいともたやすく用いたとすれば、それを取り扱えない理由は〈私〉にあることになる。そしてその時、それは「障害」と意味づけられることになる。つまり「障害」は両者（〈私〉と〈他者〉）の関与によって存在し、両者の関与なしに「障害」は、ロープで均衡をたもって立っている柱が片方のロープが切れて倒れてしまうように、存在することはできない。もちろんそれは、絶えず自分の「障害」について意識をめぐらし、どんな時でも他者に身構えていなければならない当事者にとって好ましいことに違いない。

●「障害」と同一性の危機

ではここにおける「障害」の意味は何だろうか。図式における「障害」に対する矢印が示していることは「障害」は私の（内部における）外に存在し、また他者の外に存在しているというだけでなく、そこには対立が含まれているということである。それはひと言でいえば同一性が失われるということである。〈私〉において言うなら、いままで自由に使えた手が使えなくなる。自分の身体が思うようにならない。それが自分ではなく他人の手のように思える。あるいは精神「障害」でいうなら自分が自分でなくなる（別の存在になる）ということであり、すなわち身体が〈私〉と対立し、〈私〉がもはや以前の〈私〉ではない、ということである。そしてこの同一性の危機は「障害」においてまた他者における危機をも意味している。

先の言葉を用いるなら「障害」者はその社会の「外」にある存在であり、単に同じように仕事ができない（働けない）というだけでなく、しばしばその存在自体が「理解を越えた」存在とみなされる、ということを意味している。「障害」とはこの意味において、当事者である〈私〉と〈他者〉にとっての同一性の危機（対立）とみることできる。他者の目を引くのはしばしば当事者自身ではなくその「障害」であることは、他者と当事者の間に「障害」という深い溝があることを示している。J・コールはこれを「「障害」はもはや身体内だけでなく、その外側にもある」[38]と評している。

たとえば脊髄の腫瘍で下半身の自由を失ったロバート・マーフィーは車椅子での生活を送るようになったその不安を次のように記している。「足だけではない。何かそれ以上の大きなものを失ったのではないか。その不安の通り、私はたしかに自己の一部をなくしていたのだった。人びとが私に対して前とはちがうふるまい方をするということもある。しかしそれよりも重要なのは、私が自分自身に対して違う感じ方をするようになったということだ[39]」。

ただし、この同一性は厳密にまったく同じことを意味するものではない。たとえば歩くことができないといっても、その能力には幅があり、年をとって歩く速さが遅くなったとしてもそれがただちに（歩くことの）同一性の喪失につながるわけではない。したがってそれをどこまで同じと見るかは他者の「障害」に対する理解の幅、緩やかさによる（この意味で社会によって「障害」の見方が異なるのは自然なことである）。

●「障害」の問いかけるもの

「障害」がもし〈私〉の存在と切り離すことができず、また社会との関わりを大きく変えるとしたら、〈私〉はその時、別の存在になったのだろうか。そのような問いかけが「障害」という経験の中で投げかけられたとしても決して不思議ではない。「障害」は衣服の破れ、家屋の破れ、地位の剝奪などの外における変化よりも、さらに〈私〉の存在自体に関わる根底的変化(40)を意味している。

おそらくその人の人生の中で「障害」が露わにすること、それは個々の疑問ではないだろう。たとえばトイレができるか、階段が上れるか、衣服が着られるか、ということではないだろう。「障害」が露わにすること、それはなによりもまず自分自身に対する根源的な「問いかけ」ではないだろうか。「いったい私はどうなるのだろうか」。「わたしは生きていけるのだろうか」。「私はこれからどうしたらいいのだろうか」。「〈私〉とはいったい何だろうか」。〈私〉は根底から問われ、その問いに向けられるのではないだろうか。そしてそれは当事者に多大の変化を及ぼしていることは疑いない。それゆえJ・コールは「脊髄損傷は単なる一つの出来事ではなく、人生全体への適応を必要とする(41)」と書き記している。

マーフィーの場合、それは自らが「劣悪化し縮小した」ように感じたということだった。

〈上田敏先生との対談②〉

玉ねぎの皮のような「ニーズの構造」

上田　患者さんが困っているのは何か、さっきの「ニーズの構造」というものを見ていくと、機能障害は、それは中核だけれども、それだけじゃなくて、その周りにたくさんいろんなものが加わって。これは「玉ねぎの皮のように」という表現をどこかで僕は使ったことがあるんだけど、機能障害だけを解決すれば解決するというものではないんですよね。そういうことを実際の患者さんの例から学んだ。自然に、そこにたまたまリハビリテーションの語源ということを知って、それでこういう考え方になったんだと思うんですね。

加賀谷　そうすると、その「全」というのは、リハビリテーションということとは違った側面というか、ある程度、先生の独自の感覚というものがそこにあったという、そんなことなんでしょうか。僕が今回考えたのは、人間というのを考えてみると、リハビリテーションと障害ということを考えるわけなんです。全体をまず見て理解して、それがあって初めて障害ということが理解されるんじゃないかなと思うんですよね。だから、僕はまず、そこを解明というか、はっきりさせたいなと思って、今から考えると、今回書いたような気がするんですよね。

それは何かというと、僕は実際、臨床経験は八年間ぐらいで時間が短かったんですけど、僕の直感で言うと、やっぱり人間というのは、誰も自分が障害者だと思っている人はいないと思うんですよね、どんな障害だとしても。心の底の中では、自分は変わらないというか、自分は自分であって、別に自分自身が心の奥底から障害になったというふうな気持ちを持つ人は、僕はいないのかなと思って。そこら辺が僕の原点というか、そういうことかなって今、思っているんですけど。

哲学的、デカルトが言っている心身二元論というのがあるんですけど、人間は心と体というのがあって、精神と肉体というのがあって、いくら肉体のほうがいろいろ冒されたりとか障害があったりしても、心というものはまったく独立に存在しているということを、二元論というかたちでデカルトは言っているわけなんですけど。それが僕は一番、何か一つは近いような感じがして、本当はどうなのかなということで書いたというのが、一つ動機にありました。

僕の経験というのは、最初、大学で倫理学をやっていて、施設に行って実際に三年ぐらいいたんですよね。

上田　作業療法士になる前にですか？

加賀谷　なる前なんです。その時に思ったのは、ある時に、てんかんの小頭症の、頭の小さい、生まれつき知的障害の方がいらっしゃって、その方がてんかんもあるので、いつも薬を飲んでいたんですね。ところが、風邪かなんかひかれていて、たまたま薬を三日間ぐらい飲まないことがあって、何か一時的な興奮状態になって、部屋の中でいろんな物を投げたりとか、危険な状況になって、僕が呼ばれたことがあったんですね。「加賀谷さん、なんとかなだめて、そういうところから連れ出して欲しい」と言われました。僕が行った時にはだいぶ落ち着いてきて、おとなしくなっていたので、食堂につれて行ったことがあるんですね。落ち着いてもらおうかなと思って、お茶をついで飲んでもらおうかなと思った時に、お茶がちょっとこぼれちゃったんですね。ちょっと濡れちゃったものですから、近くにあった、みんなそういう時によく使っているトイレットペーパー、施設なのでたくさんあって、そういうので拭いたりとかして利用していたんですけど、それを拭いたことがあったんですね。そうしたら、その方が、急に怒って「自分は人間なんだから、トイレットペーパーなんかで、そういうところを拭くのをやめてくれ」って言われたことがあって、普段はそんなことは全然、口にも出さないような方だったんですね。それでハッとして、それはその場でスッと終わったんですけど。

上田 ちょっとシチュエーションがわからないです。水をこぼして、それをトイレットペーパーで拭いたということが、なんで不愉快なんですか？ トイレットペーパーというのは。トイレで使うものであるから…。

加賀谷 そうなんですね。その方もいつもその食堂に来ていて、食堂にはトイレットペーパーがたくさん置いてあって、みな普通にそれで拭いていたんです。だけど、その時になって急に、そういうことでものすごく怒り出したんですよね。その場は収まったので、夜にまた不穏なことをやるかもしれないので、「加賀谷さん、夜、付添って一緒にいてくれないか」と言われて。彼が寝ているそばにずっとついていたわけなんですよね。そうしたら、夜中にその人が、うなされるんですよね。うなされて何を言うのかというと「お母さん、助けてくれ」と言うんですよね。「こんなところにいたらホント殺されちゃうから、早く助けに来てくれ」ってね。そういうことを絞り出すように言われたということが、今でもずっとそれは頭の中にこびり付いているんですけれども。

その時もちょっと思ったのは、その人たちって知的な障害あって、いろいろわかっていないのかもしれないように見えるかもしれないけれども、人間と言うものには、心の奥底では自分というのがずっとあって、そういう障害があるというこがわかっている、気持ちというか、精神というか、そういうものがどこかにあるんじゃないかなと経験しました。

「障害」と人は別

そういうこともあって障害というのを考えてみると、確かに障害ということはものすごく大きなことで大変なことなんだけれども、でもそれは、たとえば精神障害、身体障害でもあったとしても、また、その人は障害者であるわけじゃないんですよね。体は障害があったとしても、その人が、自分自身が障害者になったというふうには思わないんじゃないかなと考えたんです、感じたんですね。それは今回の原点にあって。障害というものは非常に大きな意味を持っていて、自分自身を切り離すことはできないけれども、でもやっぱり自分というのは、また別のところにあって。そこら辺をはっきりというか、言葉にしたいなという、そういうことがあって書いたので。それが大きくなっているわけなんですけれども。

（上田　敏・元東京大学教授リハビリテーション部）

第六章　「障害」から実存へ

「障害」を人生における他の出来事から際立たせているものは「障害」という存在の実存における重さである。それは「障害」は〈私〉の外部で隔絶する存在として有りながら、他方で決して〈私〉から引き離すことのできない〈私〉の最も内なる存在として引き受けなければならないという矛盾がそこに存在しているからである。ではこの矛盾ははたしてどのようにして解決することができるのだろうか。このことを「障害」に深く関わる「まなざす」（視線を向ける）ということを手がかりに考えてみたい。

一 他者あるいは「障害」を超える試み

「障害」と他者の存在は切り離すことができない。だからその他者との関係を変えることにより「障害」超えようとする試みがあったとしても不思議ではない。またもし他者のまなざしを気にせずに過ごすことができるなら、それも「障害」を超える一つのあり方と考えることもできる。

●まなざす他者の不在

「障害」というきわめて困難な状況を解消する一つの試みとして、これまで「障害」を有する者同士が集まり、一種の共同体（コミュニティーあるいはコロニー）をつくることがしばしば試みられてきた[42]。それはその共同体の内では誰もが「障害」者であり、「障害」が普通のことであり、したがって「障害」を告げる他者自体が存在せず、成員は「障害」を「障害」として特別視されることもないということによる。A．ジュリアンはこれを「おなじように身体的不具合におそわれた友人たちのあいだでは、緩慢な、あるいは不格好な肉体は少しも恥ずかしいことではない。そんな肉体は、たしかに（他人からは）不思議がられるだろうが、（当人たちにとっては）不安は長続きしないし、嘲笑が君臨することもありえない。萎縮した手足、義手や義足、身体「障害」、それこそ彼らの日々の糧なのだ[43]」と表現している。

ただそのような限られたメンバーによる共同体生活は自由な存在としての人間存在のあり方からすれば、やはり問題の解決には限界があり、その共同体の外では依然として「障害」者に対する「まなざし」すなわち「健常者」中心の社会が存在している以上、問題の根本的解決とは言い難い。そのことは一九六四年に茨城県石岡市郊外で大仏空（おさらぎあきら）が住職をつとめる閑居山願成寺で始められた脳性麻痺者による生活共同体マハラバ村（最初は閑居山コロニーと称されていた）の顚末の内にも示されている。

すなわち親鸞の悪人正機を思想的支えに電灯もない山の中の生活が最初は三、四人で始められたが、その後加わる者が増え、三年後には電気も引かれ二〇数名（内カップルが四組）、三人の子どもも産まれるに至った。しかし横塚によればその時から共同体は音をたてて崩れていった。結婚し子どもが生まれた夫婦は「私達は「障害」者だからこのような生活でも仕方ないが、子ども達の将来のため一般社会の中で暮したい」との言葉を残して次々と山を去っていった。そして横塚自身も妻とともに一九六九年に山を下り、その年マハラバ村はその短い幕を閉じた。横塚はそれを「我々の僅かな抵抗も現代文明における価値観、社会常識に脆くも敗北を喫した」(44)と総括している。

しかしこの共同体的解決の道が困難であっても、孤独に追いやられる「障害」を持つ人同士の出会いが当事者に大きな意味を持つことは疑いない。それは山を下りた横塚自身がその後、「障害」児を殺した母親の裁判への疑問と抗議をきっかけに、さまざまな社会的活動を展開していったことでもわかる。

またそれはマハラバ村とは状況が違うが、アルビノ（白皮症：一万人から二万人の割合で現れる遺伝性の疾患、メラニン色素の不足により肌や髪が白く、視覚「障害」を伴うことが多く、紫外線にも弱い）で就職活動に行き詰まり、孤立して落ち込んでいた薮本舞が、初めて同じアルビノの笠本明里と会った時のことを「まるで鏡をみているようでした。えっ　わたし?って。会ってすぐに言葉を超えてわかりあえると感じました(45)」と衝撃的出来事として語っていることにも重なる。そしてこのような分け隔てのない「障害」の対他的構造を乗り越えた実存的出会いのもたらす貴重な経験は、現在「障害」当事者同士のピアカウンセリングの方法の中に受け継がれ、生かされ、かけがえのないものとしてありつづけている。

他方この問いに対して、まなざされる「障害」者からの一つのリアクションとして疾走プロダクション製作になるドキュメンタリー映画「さよならCP」（一九七二年）において、脳性マヒ者横塚晃一がそれまで被写体として常に撮られる側、見られる側であった存在から、自らが撮影者へと立場を変えることをめざしてカメラを手にした試みがある。

しかしこの試みはそれだけで主体的あり方が実現できるわけではない、ということをも示している。なぜなら彼のカメラを手にする行為は、撮られるという行為に対してなされたのであり、純粋に自発的に始められた行為とは言い難い。それは最後に横塚が一人で道路上で裸になり「結局、僕は、保護、いろんな意味でね、保護されて、保護、保護、守られていくことでしか生きられないんじゃないかと思う。そういう意味で、これまでやってきた過程で、何かこう、自分が本当にからっぽになった(46)」と語った箇所に示されている。

他者のまなざしを排除したとき、そこに残されたのはただそこに存在する剝き出しの自分の姿だった、ということをその場面は暗示している。

●ひたすら生きる

私はかつて知的「障害」を子どもに持つ母親の次のような話を聞いたことがある。「子どもが「障害」を持っているので、最初はその姿を人に見られるのがいやで、買い物でも隠れるようにして、いつもびくびくしていた。ところがある雨と風の強い日、子どもが車から降りて必死に傘を飛ばされないように握りしめ歩こうとしている姿を見て、この子も懸命に生きているんだなと思い、それから一切ひと目を気にせず、だれにでも子どもの「障害」について話せるようになった」

ここで言われていることは、他人と比較することのない知的「障害」の子どもが、懸命に生きようとする姿を目の当たりにして、母親が子どもを受け容れるようになったということである。重要なのはその子がおそらく他者のまなざしを気づかうこともなく、ただひたすら生きているということである。そしてそれに母親が気づき、そのことが彼女自身を変えたということである。

ここで思い起こしておかなければならないことは、「障害」は告げられ、それを当事者が「受け止め」、そこに「障害」者という存在がはじめて成立するということである。したがってもし「告げる者」か、それを「受け止める者」が存在しなければ、「障害」も「障害」者も存在しえない、ということになる。先に挙げた「障害」者だけの共同体の追求や他者のまなざしを気にかけない（と思われる）子どもの存在は、そのような解決が現実に存在する可能性を垣間見させてくれた。

しかし、ではそのような特別な状況の中でなければ「障害」の克服・問題の根本的解決はありえないのだろうか。もしそうだとすれば、それはたぶん多くの「障害」者にとって無縁のこととして映るのではないだろうか。そればかりか他者が存在的にいなくなることを望ましいとする極端な閉鎖的共同体思想がどれほど悲惨な結果をもたらしたかは、近年のカルト教団が引き起こした事件によっても明らかだろう。また他者のまなざしに意味を感じとることは、この世界を気遣いつつ配慮しながら生きている存在としての人間の根源的あり方の現れでもある。したがって「障害」問題の解決は、人間自身の存在のあり方に即して求めなければならないということになる。

二「障害」における二つの「比較」

私たちはどのようにして「障害」を特殊な状況を抜きにして克服する可能性を見いだすことができるのだろうか。ここで手がかりとなるのは、「障害」に関わる「比較」には、第三者（「障害」他者）による比較と「障害」当事者による比較の二つの本質的に異なる比較が存在している、ということである。次にその考察を通して比較できない実存としての「障害」当事者の存在を明らかにしていきたい。

●第三者における比較

「障害」は他者によって「あなたは「障害」者です。私たちとは違います」と比較され、告げられ、それを人が受け容れることによって成立することを私たちはこれまでみてきた。少し詳しくみるなら、ここで告げる他者は「障害」当事者以外の他者であり、それを受け容れる（ことを求められる）存在とは「障害」当事者ということになる。

しかし問題は「あなたは「障害」者です」と告げる者は「障害」を客観的事実〈私〉の外に起きている出来事）として捉えているのに対して、「障害」当事者において自己の「障害」は決してそのような客観的事実ではありえない、ということである。

●「障害」当事者における比較

第三者が比較によって「障害」をまず知るように、「障害」者においても「障害」は比較において知られることは、生まれつき目の見えないAさんの場合にみたように確かのように思える。しかし「障害」当事者の自分自身の「障害」との関係は、第三者において見いだされる「障害」とは区別して考えなければならない。

しかしこの区別は当事者において「障害」は自分自身に関わることだから主観が交り、客観的理解が得にくい、ということではない。

ここで言いたいのは、当事者において自己と他者を比較している〈私〉自身すなわち比較している〈私〉の存在（実存）は、「比較」を本質的に超えている、ということである。たとえば〈私〉は鏡に映る私を見ることはできる。しかし鏡を見ている〈私〉を〈私〉は見ることができない。同様に比較している〈私〉を比較することはできない。なぜならその時にはさらにもう一人の〈私〉がいなければならないが、同じ〈私〉が二人同時にいるということはありえないからである。簡単に言えば比較する〈私〉は比較できないということであり、そのような〈私〉はそもそも比較を超えた存在・実存として存在している、ということである。(47)

しかしこのことは決して〈私〉が「障害」を持つことと矛盾するものではない。重要なことは「障害」が存在するとしても、それは実存においてすでに超えられたものとして存在しているということである。

たとえば脳梗塞により高次脳機能「障害」を発症した山田規畝子は「脳は傷をうけても『私』というものに対する自意識は変わらないのです。そういう自意識によって、何もできなくなった自分というものが強く意識され、そのことによって「私」という統合感が壊れていくのです[48]」とここでは自意識という言葉を用いて（比較する）私自身の存在を説明している。

また脳性麻痺の哲学者A・ジュリアンが「たとえば、通りの曲がり角ですれちがったあの老婦人や、通行人のひんしゅくを買っているあの浮浪者、あの脳性麻痺患者、ぼくたちを哀れみへと誘うあの『落ちこぼれ』、気難しげなあの隣人、こんな人びとはみな自分の力で立ち上がって、『まっすぐに歩こう』と努力しているのだし、バランスと活力を回復して、いきつづけることを可能にしてくれる精神状態を見いだそうとしている[49]」という言葉で示そうとしていることも、そこに存在しているその人自身の存在にほかならない。

三　実存は「障害」に先立つ

〈私〉は比較する主体であって対象ではない。たとえ第三者が〈私〉を比較において「障害」者とみなし、それを受けて〈私〉も自らを「障害」者とみなしたとしても、そのように認める〈私〉自身は決して「障害」者ではありえない。すなわちここから私たちは「実存は「障害」に先立つ」という結論に達する。

ただしこの場合の「先立つ」は時間的に「前に」と解釈し、あたかも実存が先にあって、それから後で「障害」が生じるように考えてはならない。この場合の「先立つ」はあくまでも実存が「障害」を「基礎づけ」ており、その逆ではないこと、したがって「障害」をあたかも実存に付随する添え物として軽視したり、実存の「障害」への優位を主張するものでは決してない。すなわち「実存は「障害」に先立つ」ということは実存のあり方によって「障害」が「障害」として存在している、ということにとどまるのであって、それが現実に実存が「障害」を超え、克服していることを意味するものではない。

またこの「実存が『障害』に先立つ」という結論は、このことがあらかじめ知られていて、それが実際に確かめられる、ということではない。たとえば事前に本や人の話を聞いてそれを当てはめてみる、ということではない。それは『障害』の経験を通して、その中で動かしがたい事実、すなわち頭の中では理解したつもりでも、想像もつかない根底的変化の中にあっても、いぜん変わらない自分が存在しているということの気づきとして、この命題「実存は「障害」に先立つ」が我が身のこととして見いだされる、ということである。A・ジュリアンはこれを「死のほかには何も確実ではないことなどと悟るために、ブッダと名のったり、毎週火曜日にヨガ教室でコブラのポーズを取ったりする必要はない。哲学と神学の援助を求めなくても、ぼくはこうして、ひとりで深淵の前にたたずんでいる」と表現している。

あるいはR・マーフィーは「障害」という現実に直面して「私のからだはひどく損なわれていたが、しかし私の生命がその分減ってしまったかというとそんなことはない。残された機能をフルに使ってやっていくしかなかった。そのうち私はふと気づいた。これは結局のところ、普遍的な人間のありように過ぎないのではないか[50]」と語っていることに通じる。「障害」はこの場合、人間のもっとも基本的あり方としての実存を露わにするものとして存在している[51]。

では「障害」を実際に超え、克服させるものとは何だろうか。さまざまな「障害」の受けとめ方は何を意味するのだろうか。すなわちここで示唆されるのは、すでに「障害」を超えているという実存のあり方それ自体とその実際の超越とは区別しなければならないということである。

四「先立つ」ことの意味

「実存は『障害』に先立つ」ということを理解するために私たちは知的な思索を必要としない。あるいは頭でこのことを理解したとしても、そのことが実際に実現できるわけではない。たとえば頸髄損傷の受傷後まもなくのつらい日々を送っていた星野富弘は病床にあって「私は母の胎内から出た時のように素っ裸になってしまった。自分の力で自分を生かすこともできなければ、そんな自分を慰める言葉すら、何一つ持ち合わせていなかった(52)」と綴っているが、そのような思いは「障害」とは別の星野自身の存在を示している。彼はまた「自分の弱さを包みかくす何ものもなくなってしまった今、体を動かせなくなって、弱さから逃げ出せなくなってしまった今、言葉によって自分をとりつくろうことのできなくなった今、もしかしたら、私はほんとうの自分の姿にもどったのではないだろうか……(53)」と述べているが、大事なのはそのように「障害」者である星野を距離を保ってじっと見つめている(「障害」に先立つ)〈私〉がいるということである。この場合したがって「先立つ」は両者の間に生じている「見ることを可能にする距離」とみなすこともできる。

この意味で実存であることは「障害」を持つことと決して矛盾することではない。「障害」は消え去るのでなく「超えられる」ということは、「障害」が存在しつつ、超えられるということであり、むしろ「障害」は超えられることによってその姿を私たちの目の前に差し出すということである。この意味で実存における「障害」の超越とは「障害」が露わになること、そのことの事実に「向き合う」ことにほかならない。そして「障害」が避けようもなく、〈私〉に問いかけ、そこで示されることは「障害」者であると同時にそれを超えた実存としての〈私〉自身にほかならない。

第七章　「向き合う」ことと「受けとめる」こと

「障害」がすでに実存によって「先立たれている」こと。そのことが直接意味していることでもっとも重要なことは実存が「障害」と「向き合う」ことができるということである。

それは時期で言えば病気がもはや治らないことが否定しようもない事実として明らかになり、「障害」は一時的なことではなく、それがこれからずっと続くこと、私が「障害」者として生きていかなければならない、ということに直面しなければならない時から始まる[54]。

一 「障害」と「向き合う」

障害と向き合うことはここでは他者と対面するということではない。〈私〉が〈私〉と「向き合う」ということである。だがこの〈私〉が「向き合う」〈私〉とはどのような〈私〉だろうか。「向き合う」ためにはその相手は〈私〉の外になければならない。それは身体としての〈私〉である。

＊「向き合う」ことは次のように分けて考えることができる

〈私〉⇕〈私〉の外の対象（もの、他者）

〈私〉⇕〈私〉の内の別の〈私〉（「私・身体」）

ではそのような実存が「障害」と「向き合う」ことにはどのような意味が含まれているのだろうか。そこから見えてくるものとは何だろうか。

●〈私・身体〉と「向き合う」

「障害」はまず〈私〉が限りある存在であることを露わにする。ただしそれは個々の能力のことではない、実存が身体でもあることによる逃れることのできない本質的な有限性である。しかし「障害」は決してそれを一般的なこととして告げるのではない。「障害」が告げるのは「これは〈私〉自身の身に起きたこと（「障害」）であり、決して他人事ではない」ということである。

このもっとも個人的な「障害」のあり方こそ「障害」が〈私〉の存在と切り離すことができず、それは〈私〉の一部であり、〈私〉は言わば「「障害」と共に」あるいは「障害」ある存在として生きることを強いるものである。だから「障害」と「向き合う」ことは〈私〉の外にある事物と異なり、自分自身と「向き合う」ことでもある。すなわちここに存在している〈私〉は決してデカルトの言う〈思う私〉としてのコギトではない(55)。もっと具体的な世界と深く関わっている身体を帯びた〈私〉である。ここではこの〈私〉を〈私・身体〉として表すこととする。

その〈私・身体〉がここでは「障害」をもたらすと同時に自分とそれを切り離せない存在として〈私〉を成り立たせている。だから〈私〉はどんなにそれから目をそらしたくても決してそらすことができず、向かい合うことを避けることができない。

ただし注意しておきたいのはここでの身体は決して解剖学の教科書に記載されているような無名の身体ではない。「障害」が明らかにするのは、それがまさに〈私〉の身体であり、それはまぎれもなく私自身の身に起きている、ということである。

すなわち「障害」は〈私〉の身体をその「向き合う」中で浮かび上がらせるのであり、実存の個別性を現実の存在として私たちの前に指し示す。実存が「障害」と「向き合う」ことはそのような〈私〉の個別性に直面することでもある。(56)

●〈他者・社会〉と「向き合う」

しかし「障害」と向き合うことは自分・〈私〉と「向き合う」と同時に「障害」(身体)を通して〈他者・社会〉と「向き合う」(意識する)ことでもある。

だがひと口に「障害」における〈他者・社会〉といっても「「障害」があるから優遇す

る」（たとえば電車のシルバーシート）からじろじろと「好奇の目で見る」といったさまざまな場合を含むことを考えると、その複雑さと多様性はとてもひと言では尽しきれないように思われる（さらにここに〈他者・社会〉に「「障害」を告げる」ものとして、たとえば階段やトイレ、学校や職場、教育や仕事、介護などの環境も「障害」に関わる〈他者〉に含めることができる）。

また実際に「障害」を通して他者と「向き合う」といっても、最初は普通に接することは難しい。それは「障害」が「比較する」ということと深く関わっていることによる。たとえば頸髄損傷による重度の四肢麻痺者である滝野澤直子は受傷後しばらくは「自分より「障害」の重い人には、私の方がマシだ」と優越感を感じ、「「障害」者になってから健常者だった頃よりもずっと、他人と自分を比較するようになった[57]」と自らを振り返っている。

だが重要なことはこの〈他者・社会〉の問題を抜きにしては「障害」は決して語ることができないし、何よりも「障害」は〈他者・社会〉と私の間に断ち切ることのできない強固な結びつきが存在していることをはっきりと示す、ということである。すなわち「障害」はその人における個別性と同時に社会的存在としての〈私〉をともに露わにするということであり、そこに矛盾・対立としての「障害」の複雑さと困難さが存在している（たとえばここで街中で一人黙々と歩いている片麻痺の人の姿を思い浮かべてほしい）。

しかし、この一見矛盾のように思える個人性と社会性の結びつきは、「障害」者（運動）の強さの源でもあることを忘れることはできない。

たとえば「障害」を個々ではなく、社会のあり方にまで及んで変えようとする場合には、そこに「障害」者運動が生まれるが、ここでは「障害」者自身による「障害」者運動が労働条件の改善をめざす労働者運動などとは異なる二面性を帯びており、そのことが「障害」者運動の力と普遍性をもたらしている。なぜなら「障害」者にとっての「障害」者運動は自分自身の直接の問題であると同時にそれが社会的運動に直結しているという二面性をもち、それは〈私〉が「障害」と向き合い、また社会と向き合うことにおいて「障害」の全体と向き合っているということであり、それがアメリカにおける自立生活運動の力強さを生み出していると考えられる。[58] このことは「障害」の問題が直ちに「障害」者運動に必然的に結びつくことを意味しているわけではないが、「障害」者運動の根底にはそのような二面性、言い換えれば実存としての〈私〉の存在があることを見落としてはならない[59]。

＊社会的関わりは「障害」が重度であればあるほど濃密で、具体的には援助の必要性に応じて社会との関わりが必然的に生じるということもあるが、本質的には顔のあざのよう

にそれは援助ということとは無関係である。「障害」における社会的関わりはより実存的に理解することが重要である。

●「向き合う」ことの意義

「向き合う」ということはすすんで問題を直視し、問題と正面から取り組むことを意味している。だからいろいろなことで「向き合う」ことが高く評価される。しかしそれは「向き合う」か否かの選択の自由がある場合ではないだろうか。それが会社から求められている場合には向き合うことは仕事の一部でしかない。

では「障害」において「障害」と「向き合う」ことにそのような自由はあるだろうか。すなわち向き合わない自由が「向き合う」自由と同じようにあるだろうか。「障害」と向き合うことは好ましいかもしれないが誰にも強制されないことは確かである。しかしではそれはまったく自由に選択できるのかといえば〈私〉が自分の存在（生き方）に関心を持つ限りにおいて、「障害」と向き合うことを避けることはできない。なぜなら身体を抜きにして〈私〉は存在しえないからであり、「障害」は〈私〉が〈私〉であることに深く関わる出来事だからである。では「向き合う」ことによって〈私〉は何を得ることができるのだろうか。なぜ「向き合う」ことが必要なのだろうか。

それは「「障害」・〈私〉」と「向き合う」ことによって、〈私〉は私自身の可能性と自己の世界の可能性に触れることができ、その可能性を実現するための自由を手にすることができるからであり、それによって〈私〉ははじめて〈私〉自身を確かさをもって「肯定」することができる、ということである。

たとえばアルビノと肺線維症を患う新谷正子は毎日酸素の機械につながれ、天井を見続ける中で「死にたい」との思いを抱くが、子どもの「お母さん強く生きて」という声に励まされ、病気と向き合って精一杯生きる決意を固める。(60) この場合、向き合うことは生きることへと通じている。

もちろん〈私〉が比較できない存在としてある以上、また実存が「障害」に先立っていること、そしてそのことがすでに「肯定」を含んでいることは確かである。それは「向き合う」こと自体の中に「肯定」(積極性・能動性)が含まれているからにほかならない。ただしそれはただ「向き合う」ことだけでもたらされるのではない。それを実現するのはそれに続く「障害」を「受けとめる」という新たな行為である。

＊「向き合う」ことの妨げとしての痛みとその緩和

「向き合う」ことがリハビリテーションにおいてとりわけ重要な意味を持つとしたら、それを妨げるものとしての「痛み」はその阻害要因の最たるものと言わなければならない。痛みの特徴はその直接性すなわち対象（痛み）と距離がとれない、ということにある。痛みはそれを冷静に見る（「向き合う」）ということができない。痛みは〈私〉自身を直に脅かし、私自身を巻き込み、襲う。それは〈私〉を疲れさせ、〈私〉の思考を奪い、消耗させる。

したがって「障害」と「向き合う」ため、あるいはリハビリテーションを進めるためにはこの痛みのコントロールが重要なことは論を俟たない。経験的に知られていることの一つは、人が何か（例えば楽しい会話、趣味活動、ペットとのふれあいなど）に夢中になっている時は痛みの感覚も「和らぐ」ということである。

この意味で、従来「気晴らし」と呼ばれてきたさまざまな活動（レクリエーションなど）のリハビリテーションの過程で果たす役割は決して少なくない。

二「障害」を「受けとめる」

誰も「障害」と向き合いたくて「向き合う」者はいない。「障害」は好むと好まざるとを問わず、一方的に突きつけられる事実である（たとえ事故が自分の不注意であるとしてもそれを望んで選ぶ人はいない）。だから向き合うことは私自身を確かめるための重要で欠かせない過程だとしても、それは決して本来の目的とは言えない。向き合うこと自体に意味があり、それが望ましいことなら、人はそれを続ければ意味のある人生を送れるということになるが、しかしそれは自問自答を繰り返すということでもある。〈私〉はなぜ「障害」者になったのだろうか。「障害」の意味とは何だろうか。〈私〉にはどんな価値があるのだろうか……終わりのない問いかけ）。私たちはこの「向き合う」ことを踏まえ、「障害」を「受けとめる」ことによってそこから一歩踏み出すことができる。

●「受けとめる」ことの必要

ここで実際の例についてこの「受けとめる」ということについて考えてみたい。

アルビノの高田典子は白い髪を染めず、小学校から大学まで普通の学校生活を送っていた。しかし就職活動をする中で自分が弱視であることから大学の職員に「障害者枠」での就職を勧められ、大きな挫折感と屈辱を味わう。その時の彼女のことを『アルビノを生きる』の著者・川名紀美は「障害者？　小学校から大学まで、みんなと同じように学んできた私が「障害」者なのか。暗い穴に落ち込むような感覚を味わった」と表している。

そして実際に受けた入社試験はことごとく落ち、母親にまで「髪、染めたほうがええのとちがう？」といわれ、高田はまたひどく落ち込む。その中で彼女は自分の「障害」を知ってもらうために「障害について」と題した説明文を作ることを思いつく。そしてそれを評価されて彼女は就職する会社に出会うことができた。

この例で示されていることは、アルビノという疾患を持つ高田が就職活動を機に自らが「障害」者であることを周囲の目を通して思い知らされるが、それにくじけることなく「障害」という現実と「向き合い」、それを「受けとめ」、「障害」を客観的な言葉で伝えることによって、立ち直っていくということである。

あるいは中途視覚「障害」者の中村栄一はそれまで何もかも見えていただけに、よけいに落ち込みがひどかった。思い悩みながら「視力障害者短期生活訓練」を国立塩原視力「障害」センターで受けるが、すぐには自分の「障害」を「障害」として受け容れることができなかった。当時のことを彼は「視力が失われていく現実に対して何とか手を打たなければならないと焦慮しながら、私は心のどこかで、自分の目が不自由になっていきつつある現実から目をそむけようとしていた(61)」と述べている。しかし彼は四五日間の訓練を体験する中で「暗い日々」を徐々にくぐり抜け、「障害者という境遇に負けて、安易に自分を捨ててはならない。私はこの訓練を通じて精神的に、自立するきっかけをつかむことができた(62)」と振り返っている。訓練を受けることはある意味で自己の「障害」と直面することである。だがここでも高田の場合と同じく、それを経ることによって、中村も「障害」

を受けとめ、新しい第一歩を踏み出していく。

●「受けとめる」ことの困難

これまで「障害」を「受けとめる」ことを二つの例を通してみてきたが、「受けとめる」ことは決して「障害」によってもたらされる自然の経過ではない。私たちはこの「受けとめる」ということを考える時、まず最初に銘記すべきことはこのことである。「受けとめる」ことが困難な場合の存在がそのことを示している。

たとえば頸髄損傷による全身マヒを三〇年にわたって経験してきたコリンは「脊髄損傷になったことで人生の質が高められたと言う人がいるのを聞いたり読んだりしたことがあるけど、俺にはそれは信じられない(63)」と述べ、さらに「自分が車いすの上にいることを一時たりとも忘れることができない。今は自分の身体に絶望している。昔は素晴らしい身体だった……。昔はラグビーのサーキットトレーニングをやったもんだ。二十分間の集中的なトレーニングだ。身体を引きずるようにしてジムを出て、ゲロをはいていたよ。でも、そういうことができることを素晴らしいと感じたんだ(64)」と過去を振り返っている。

彼にこの絶望をもたらし、「障害」を「受けとめる」ことを妨げているのは、彼における現在の身体と過去の身体との比較である。その比較が現在の彼の身体を受け入れ難くさせ、その喪失感をもたらしている。(65)このこと自体は彼が実存として生きていることの現れでもあるが、また実存は別の道の存在をも指し示している。

●「受けとめる」ことの意義

実存は「障害」に先立つということは、そのような過去を超えて今という時において存在する可能性あるいはそこに自由が存在していることを指し示している。

もちろん比較することをやめたとしても、目の前の「障害」〈不便〉が消え去るわけではない。しかし目の前の今の〈私〉の身体と向き合い、それを「受けとめる」ことができれば、そこから新たな可能性が開ける。このことは「健常者」でも「障害」者でも本質的に何ら変わることはない。その違いは機能の違いの「程度」によるのであって、どこかに質的に異なることとして区別する境界があるわけではない。

問題はその違いが私たちの日常において不便をもたらすということであり、しかもその身体は代えることができない、という強い結びつきがそこに存在している、ということである。〈私〉の身体は、拒否や離縁もできず、そこに〈私〉をつなぎ止め、〈私〉と切り離すことのできない存在としてあり続けている。だから重度の頸髄損傷者のトニーが時にはひどい痛みに襲われ、腹も太鼓腹になりながらも自身の身体について「一日の終わりにいつも言うのです。私は動くことができない。それでも私は私だ。身体も何もかも[66]」と語ったとしても決して不思議ではない。

また交通事故で脊髄損傷となったジュリー・ヒルは「私は自分が事故にあったとき、幸せではなかった。私は自分自身や自分の身体、とにかく私に関することすべてのものを、二年以上も憎んだ」と過去を振り返りながら、それを乗り越えてきたことについて「外出する自信を持つこと、身体障害の泥沼に引きずりこまれないこと。また自分に出来る事に注目し、自分ができないことには注目しないこと。ある時点では、あなたは、出来ないことや、前向きではないところを心の中に閉じ込めなければならない[67]」（下線筆者）とその「受けとめる」過程での経験を語っている。

すなわち「向き合う」という姿勢は、「受けとめる」という実存のあり方をもたらし、新たな生き方の出発点となることができるということであり[68]、「受けとめる」は「向き合う」ことなしには存在しえないし、「向き合う」ことは「受けとめる」ことによってその意味が明らかになる、ということである。

そして「障害」を「受けとめる」ことは、次の「折り合う」ことを可能にし、全体の取り戻しとしての回復というあらたな世界を切り開いていく。

〈上田敏先生との対談③〉

「主観的体験」が持つ意味

加賀谷　それからもう一つ「主観的体験」ということをおっしゃられているわけです。僕が先生の、最初の『リハビリテーションを考える』から、最近の本まで読ませていただいて、その主観的体験ということが非常に大きな意味を持っていて、ずっとそれを先生の本でおっしゃっているわけなんですけれども、それが先生における、さっきの「全体」ということとの一つの具体的なかたちなのかなという気がしています。

上田　それは、全体の中での非常に大事なものだと思いますね。客観的な存在というのは、ほかの人から見た自分であって、あるいは、ほかの人のつくっている社会の中で自分がどういう役割を果たしているかということです。本当に「自分」と言えるものは、心にそれが反映している状態ですよね。心にそれが反映しているし、外には必ずしもすぐには出ないけれども、心の中にいろんな思いがあるんですよね。それが主観的な体験です。だから、人間はむしろ、ほかの人から見れば客観的な存在だけれども、自分にとっては主観的な存在なんですよね。だけど、客観的な存在であるこの体と、この脳が、そういう意識をつくっていることは確かです。だから、客観的なものなしに主観的なものだけが宙に浮いていることはありえない。だけど、自分が意識しているものとか、自分である程度コントロールできるものというのは主観的な世界です。

そして、リハビリテーションをやっていれば、患者さんが悩んでいるということは、すぐわかるでしょう。手足が悪いだけだなんて絶対に思いませんよ。同じ人間として、この人が悩んでいるということはすぐわかります。その悩みを解決するということもリハビリテーションである。悩みを解決しなかったら、リハビリテーションにはならない。全人間的復権ということを本当に実現しようと思えば、主観的なところで自分自身の置かれている状態に満足しなくちゃいけないわけですよね。そうでなければ、復権というのは外だけの状態のことであって、その人の心の中に影響を及ぼしていないということになる。

「参加」が主観的体験の条件

上田　満足するためにはどうしたらいいんだというと、私があちこちに書いているように、やっぱり最大は、その人の社会的存在としての価値が回復されることです。だから、心身機能は回復がごくわずかで、途中で止まってもいい。活動ですら、たとえば車椅子でどこへでも行けるけれども、だけどそれは電動車椅子であって、自分の力で動いているわけでもないし、というような人でも社会的に、それこそ社長をやっている人もいれば、働いて自分の生活を立てたり、いろんな文章を書いたりしている人、絵を描いたりしている人もいますよね。それは「参加」ですよね。非常に有益な「参加」をするということが、その人の主観的な体験を満足させる条件だと思いますよ。もちろん愛情もあるけれども、人との愛情とか、信頼されるとか、そういうこともあるけれども。

加賀谷　だけど先生、人間が、自分が満足できるような活動がいつもできるというふうには、必ずしもならないですよね。現実の社会の中で自分はこうしたいと思っても、いろんな理由でそれができなかったりということがありますよね。

上田　いろんな調査で、「自分に能力的にできないことへの、その人の価値付けの順位は自然に下がっていく」という、そういう研究があるんですよ。そして、自分ができることのほうの価値の順位は高くなっていく。それは誰だってそうです。障害を持たなくたって、自分の不得手なことに価値をおいて、自分が得意なことの価値を低く見るっていう人はいないでしょう。誰だって。

主観的体験に一番影響するのは「参加」の状況

加賀谷　でも、例えば、障害受容ということも関係してくるんですけれども、同じ障害があったとしても、これはいろいろなところにも書いたんですけど、千差万別なことも起こりますよね。人によっては、同じ障害、例えば同じ頸椎損傷であっても、その受けとめ方というのが本当に天と地の差があるぐらいの違いがあるということが、しばしばあるわけなんです。その理由というのは、それは、その人なりの考え方とかっていうのがあると思うんですけど、それは残るんじゃないでしょうか、その違いというのは。

上田　違いが残るというのは、何が、何の違いのことですか？

加賀谷　客観的に障害が同じだったとしても、受けとめ方というのは。

上田　同じ障害ということはありえない、みんな違うんです。機能障害は同じことがありえます。能力障害になると、もうすでに少し違ってくる。それから、社会的不利に至っては全然違うでしょう。元々の職業が違えば、いろんな趣味が違えば、人間関係が違えば…。

加賀谷　そうなると、全人間的復権というのは、その人にとっての全人間的復権ということになるわけですよね。

上田　一人ひとりがみんな違う。それこそＩＣＦなんですけれども、個人因子も違えば。今までの経歴とかライフヒストリーが違うし、今まで過ごしてきた人生が違うし、そこで培われてきた価値観だとかライフスタイルだとかが違うし、ものの好みが違うし、そういう個人因子の違いがあります。

さらに、もう一つ環境因子としては、その人にとっての直接の環境というのは家族であったり、住んでいる家であったりするわけですよね。それも相当違うでしょう、みんなね。そして、そこに、心身機能に何かの異常が起こったとしても、それがどういうふうにそれに影響するかということは、非常に違うわけですよ、影響の仕方は…。

そして最後の、一番大事なのは「参加」の状況だけど、その「参加」の状況に、それがどういうふうに影響するかということは、みんな違うわけですよね。そして、私は、そのＩＣＦにない主観的体験という次元があると思っているわけだけど、その次元に一番影響する、（すべて影響しますよ、すべて影響しますけれども）、一番決定的に影響するのは、「参加」の状況だと。「参加」が自分が望ましい状況にあれば、ほかのものは全部、大した価値がないといっていいと思います。春山（満）さんだってそうでしょう。歩けないということは何も問題にしていないんだから。自分の会社がちゃんと運営できているということ、仕事がうまくいっているということが一番、春山さんにとっては大事なことであってね。それは、価値観が、転換ということもあるけど、シフトするんですよ。

（上田　敏・元東京大学教授リハビリテーション部）

第八章　実存的回復と全体性

私たちは誰もが身体というもう一つの現実を〈私〉の内に抱えている。「障害」と向き合い、受けとめることを通して、私たちがそこから学び、得るものとは何だろうか。それはひと言で言えばこのもう一つの現実と「折り合う」ということである。

一　「障害」と「折り合う」

「折り合いをつける」という言葉は日本語では人に限らずさまざまなものとの関わりにおいて妥協ということを含んで用いられている。たとえば「上司と折り合いをつける」ということは意見が食い違う場合にある程度譲歩して相手の立場を受け入れることを指している。「受け入れる」という言葉が相手にこちらが合わせる意味合いが強いのに比べ、「折り合う」は互いの譲歩の意味が含まれている。「障害」に関して言えば時に積極的に受け入れるという意味で「受容」という言葉が使われるが、ここではより一般的に「障害」に対して働きかけるという意味を含めて「折り合う」という言葉を使いたい。(「障害」を「受け入れる」こととしての「受容」は「折り合う」ことの一つのあり方と解したい)

ただし「折り合う」ことは自体は、私たちが身体を含めて与えられた環境の上で私たちの生活を営み、日々を暮らしている以上、その環境と折り合いをつけて暮らしているということであり、決して特別なことではない。ただし「障害」における「折り合う」ことはそのような一般的な「折り合う」こととは異なり、「自分自身の身体と折り合う」ということであり、つまりは「自分自身と折り合う」という点において本質的な違いがある。

●「折り合う」ことと同一性の回復

では「障害」の場合では「折り合う」ということは、どのようなことを指しているのだろうか。一つは普通用いられるように、相手（広い意味での他者）との関わりで妥協する場合が挙げられる。たとえば「障害」者用トイレの設置を求めても予算の関係で一部の改修にとどまることで「折り合いをつける」ということがある。あるいは介護にしても、その利用には多くの場合制限が設けられ、限られた時間の中で行われている。

しかし「障害」の場合、重要なことは「障害」者となった〈私〉自身と「折り合いをつける」ということである。もう少し具体的に言えば「障害」を負う〈私〉の身体と折り合いをつけるということである。この場合〈私〉の身体は〈私〉でもあり、したがってそこでの「折りあい」とは〈私〉が私と「折り合う」ということであり、それにより「自己の同一性を回復する」、あるいは「創り出す」、ということである。

●「折り合う」ことの難しさ

ただしその「折り合いをつける」ことは「障害」が重度の場合、容易でないことは確かである。先に触れた四肢麻痺者のグラハムは車椅子に乗るようになってから幸せや満足を感じたことがなく、「僕にとって一日一日は耐えられるか耐えられないかのどちらかだ。それより良くなったことはない。どうやって折り合いをつけたんだろう。とにかくつけたんだ。……「障害」を負ってからは一度も幸せになったことがない。毎日、苦難が多すぎるんだ」[69]と述べ、「折り合いをつける」ことが決して容易でないことを強調している。

しかし「折り合う」ことの難しさは実存が「障害」に先立つ以上、絶対の壁ではない。「比較を超えた存在」として〈私〉が存在している以上、それは乗り越えられない壁ではない。それは「受けとめる」ことが何よりも主体としての実存的なあり方に基づいていることの内にすでに示されている。

ただし問題はこの壁が自分自身の身体に関わる壁であり、他の壁とは本質的に異なること、すなわちそれは〈私〉が私を「受けとめる」ということであり、〈私〉が私・身体としての自分自身と「折り合う」、という点にある。したがって〈私〉が私と「折り合う」ということは、一つの分けることのできない、全体としての〈私〉の回復であり、再び統合された〈私〉に戻る、ということを意味している[70]。

ではそのように「障害」という経験、すなわち〈私〉が私・身体と分かれるという経験を経て、回復された〈私〉の存在とはどのような存在だろうか。それは、それまで自分の身体と一体だった〈私〉がそうでない〈私〉と「向き合う」ことを通して、その新たな〈私〉を受けとめ、新たな〈私〉へとなるということではないだろうか。片麻痺を負った大島渚はそれを「失って得る」[71]といい、ダイビングで四肢麻痺となったデイヴィッドは「三〇年も経って、私は今の自分に慣れていると思う。今ある自分を失うことに対して、実際深い悲しみを味わわずにはいられないだろうね。とても妙なことになるだろうね[72]」と言い、さらにはアルビノの石井更幸が「アルビノでよかった[73]」という言葉の中にそれは示されている。もちろんそれには同じ「障害」を持つ者でも「それには同意できない[74]」という声もあることは確かである[13]。

ただ言えることは、「折り合う」ということは、単なる妥協や延長ではなく、新たに創り出された存在のあり方であり、新たな経験の誕生を意味している、ということである。

当たり前のことが当たり前でないこと、すなわち普通であることが普通でないこと、だからその新たな普通は「普通を超えた普通」である。それは新たに光を当てられ、見いだされた「普通」である。ここに「折り合う」ことが主体性と深く関わる理由が存在している。

●「折り合うこと」と主体性

「折り合う」ということは、ただ「合わせる」こととは違う。それは相手（環境）に合わせるだけでなく、相手を〈私〉に合わせること、共に「合わせあう」ことが含まれている。つまりそこには主体としての〈私〉の存在、あるいはそれを支える〈私〉であることの「肯定」が含まれている。

ここで重要なことは自覚的・主体的ということであり、必ずしも「障害」をカミングアウトすることを意味しているわけではない、ということがある。たとえばあざがあってもそれをそのまま隠さないということもあるし、また隠すということもありうる。もともと化粧（ができること）の存在は人間の本質に属することであり、ただ「ありのままに」がいいというわけではないし、カミングアウトだけが正直な生き方だというわけでもない。人間はもともと社会的動物として存在している以上、また実存として存在している以上、自己を変えたい（化粧）という気持ちを持つことはむしろ自然とも言える。ではこの「折り合う」ことの実存的意味とは何だろうか。

＊ここでの「主体性」は感覚的にも、すなわち肌を通して感じ取ることができる、ということに注意したい。脊椎カリエスを患う樋口恵子の夫は、彼女について「その柔らかさをかたいもので覆っている。そのかたさは「障害」をもって生きてくるなかで大事なも

ので、だからこそ、ある枠から抜け出せる[75]」と評しているが、この場合の「かたさ」とは「主体性そのもの」あるいは「彼女自身」と考えてよい。

二 実存的回復と存在の「肯定」

折り合うことの実存的意味は実存がその全体性を回復するということにある。「障害」はまず〈私〉との関係においてみるならば、私の身体が思うとおりにならないということ、別の言葉で言えば身体が〈私〉とは別の存在として〈私〉に対立している、ということを意味している。だから「折り合う」ということはその対立に対して、一つの新たな〈私〉、すなわち「全体」としての〈私〉に達する、ということである。そしてその過程の中で〈私〉は折り合う主体として存在している、ということである。

この場合の全体としての〈私〉の回復を示す例としては、上田が『リハビリテーションを考える』の中で言及している「受容」を挙げることができる。上田はそこで「以前私はこの不自由な手足が治らなかったら自分はどんなに不幸になるだろうと考えていました。今私の手足は随分よくなったがまだその時に考えていたほどにはよくなっておらず、まだ不自由です。しかし、今は不幸ではない。不思議なくらいです[76]」という患者の言葉を紹介し「受容」という言葉の意味するところを「あきらめでも居直りでもなく、『障害』に対する価値観（感）の転換であり、『障害』をもつことが自己の全体としての人間的価値を低下させるものではないことの認識と体得をつうじて、恥の意識や劣等感を克服し、積極的な生活態度に転ずること」[77]（傍線筆者）と説明している。

しかしこの変化の原因を「価値の転換」だけに求めるのは結果から導き出された結果論ではないだろうか。なぜならその「価値の転換」をもたらしたものとは身体が不自由であっても変わらない言わば不変の「価値」が存在していることの気づきであり、「障害」の存在が実存のあり方の一部とみなされ、全体の中に統合されたことに重きを置くならば、それに要した月日を評価しなければならない、ということではないだろうか。それは傷口がしだいにふさがるように、一つの修復過程（適応）とみなすことができるし、そのことは当事者自身の「不思議なくらいです」という言葉に示されている。

ジョナサン・コールも脊髄損傷患者のその適応過程に注目し「時間の経過とともに、彼らは新しい身体や新しい生き方に少しずつ慣れ、多くの患者が『これが今の正常な状態である』と語るほどである」[78]（傍線筆者）と述べている。すなわちこのことはいわゆる「受容」がむしろ生理的回復過程に近いことを示唆している。彼に従えばそのような変化は「忘れるという要素（過去との比較をしなくなる・筆者以下同）、感覚を埋め合わせるという要素（失われた感覚を他の感覚・兆候によって補う）、また視覚による把握（たとえば触覚によらず見て確認する）」というさまざまな要因が関与しているとされている。

しかし私たちはこの修復過程がたとえ一見、バランスを取り戻すという生物学的平衡（ホメオスタシス）あるいは分解と再構築の流れとしての動的平衡[79]に似ているように見えたとしても、それは本質的に「実存的回復」（過程）とみなさなければならないことを忘れてはならない。

なぜならそれはこれまで見てきたように、その失われた全体を回復しようとする過程が単なる平衡あるいは回復にとどまらず、新たな存在のあり方をつくり出す創造的発展を含んでいるからであり、先にこの過程を「実存的回復」と名づけたのもその理由による。

またこのことにより、その実存的回復をもたらす「力」においても、それを単なる生物としての人間に求めるべきではなく、スピノザのいうところの自己を全体として「肯定」し、存在させようとする「力」としての「コナトス」[80]（「自存力」とも訳される）にこそ求めなければならない、という結論に導かれる（ただしこの点において実存的回復と生物学的回復の共通性が比喩として成り立つ理由がある）。

先に引用した「三〇年たった今でさえ、対処はできるけど、（「障害」と）折りあいをつけることはできない」というコリンの言葉も実はこの「コナトス」の存在を示すものと理解することができる。なぜなら「障害」という矛盾や苦しみ、あるいは「受容」ということが取り沙汰されるという事実も、実はこの実存における存在肯定としてのコナトスの存在を裏書きしているにすぎない。「存在を肯定している」という事実がすでになければ、そこに悩みや葛藤も存在しえないことは確かである。骨形成不全による下肢・脊椎「障害」を持つ安積遊歩はこの実存の本来的な肯定を端的に「理想や、あるべきものを目指すということではない。ある日突然、そこに生きているっていうことなんでしょう(81)」と語っている。

実存的回復あるいは理屈抜きの「回復そのもの」の本質を物語る言葉として、これ以上の表現があるとはとても思えない。

＊「全体」という言葉について

なおここで「全体」という言葉に関しては、これをたとえばジグソーパズルにおける完成形のように、それがどこかにすでにあるように理解してはならない。すなわちその「全体」とは比較をこえる存在のあり方そのものであり、ピースがそろっていることではない。四肢麻痺のトニーはそれを「私は今もなお全体としてその身体なのです。多くの人びとが四肢麻痺の太鼓腹になり、それを気にしていることを私は知っています。自分自身を美的な意味でどう見るかということは大きな変化で、とても重要なことです。自しかし私は一日の終わりにいつも言うのです。私は動くことができない。それでも私は私だ。身体も何もかも、と。[82]」と表現している。

第九章　「障害」を通してリハビリテーションを考える

リハビリテーションは単なる技術でも単なる思想でもない。技術であり思想であり、その全体がリハビリテーションという活動を支えている。技術だけのリハビリテーションも思想だけのリハビリテーションも本来ありえない。そのリハビリテーションについてこれまでの議論を踏まえていくつかの指摘をしておきたい。

一 「障害」を否定的にみない

リハビリテーションが思想でもあるということは、たとえば「障害」をどのように考えるかということがある。病気ならそれを否定しない人はいない。たとえば誰でも好んで脊髄損傷や脳卒中になりたい人はいない。これは当たり前のことである。しかし同じようなことが「障害」の場合に言えるだろうか。

「障害」を「否定的にみない」ということで言いたいのは、「障害」自体をマイナス（たとえばそれを「気の毒」とか「かわいそう」）とみなさない、ということである。

安積遊歩ではこの言葉は「決して「障害」に対して否定的でない」とされている(83)が、彼女はこのような姿勢をカウンセラーのもっとも重要な資質として挙げている。ここで注意すべきは「決して否定的でない」であり、「肯定する」ではないことである。少し言えば

「否定的にみない」とは「障害」を同情やあわれみではなく「普通のこと」として、あるいは「特別なこと」とせずに「障害」をみるということである。このことは「ノーマライゼーション」という現代社会福祉の基本的考え方に通じている。

また、両下肢を切断した藪下彰治郎が「リハビリで真に求められているのは、健常者の亜流の機能ではない。それが必要ないとはいわない。が、亜流はあくまで亜流である。亜流機能を備えた身障者は、その限りでは、何をやらせても健常者には及ばない、ドジな、ぶきっちょな厄介者、二流市民にとどまる(84)」と述べ、健常者と比べて「障害」者を低くみる見方を批判し、「障害」があっても普通に生きていける環境の整備の重要性を訴えているのも、この否定しないということに関連している。

しかし、それが重要な態度だとしても実際にそうなのだろうか。「障害」を否定しなければリハビリテーションも成り立たないのではないか、と思えるかもしれない。しかしそれは「障害」を外から見ているからである。その当事者にとって「障害」は決して否定されるだけの存在ではない。その「障害」があるとみなされる身体も私のかけがえのない身体であることには変わりはない。このことは『私の体をさがして』で片麻痺当事者の小川奈々が「このからだはわたしにとって一番無視したいものでしたが、本当は一番無視できないものでした(85)」と述べているところでもある。すなわち「障害」が私の一部であるという事実がその否定ということを不可能にさせている。それを取り除くことができればそれに越したことはない。しかしその「障害」があったとしてもそれは自分の人生の一部であることに変わりはない。

なお上田は「障害」者は「障害」というマイナスを持っているが、同時に正常な機能、優れた能力、高い人格、等々の多くのプラスのものを持っている「能力者」である、との理由からそれを引き出すリハビリテーション医学を「プラスの医学」と名付け、「障害」者を単に否定的にみる立場を批判している。[86] これは広くみれば「『障害』を否定的にみない」ことに通じるが、本書でいう「否定的にみない」はあくまでも「障害」自体に対する態度であることに注意したい。

ではいったいリハビリテーションの存在意義はどこにあるのだろうか。

＊「否定的にみない」ことに関する当事者からの提言

「否定的にみない」ということは「障害」者に接する際に「健常者」が心がける重要な姿勢であるが、それは実際には易々とできることではない。したがってこのことに関して「障害」当事者自身による当事者に対する助言は「健常者」にとっても貴重な助言となる。麻痺を持つ従軍牧師アルバート・ブルは周囲が当事者を「否定的にみない」ようにするための当事者の態度について提案をしている。それは「麻痺患者の最初の任務は見舞客を励ますことだ」[87]（傍線筆者）というものである。そのことによって見舞客に哀れみの態度を捨てさせ、悲劇としての脊髄損傷という見方を変えさせ、積極的で実践的な援助を引き出すことができると彼は言う。これは一見、牧師だから可能で、一般には稀なことのように思われるかもしれない。しかし脊髄を損傷した人が周囲の人を逆に励まし、さまざまな人生上の相談を受けている場合も決して少なくないことを考えれば、この提案はむしろきわめて現実的な提案であり、「健常者」と「障害」者が互いに歩み寄るための手がかりを与えてくれる。

二　人と「障害」を区別する

「障害」を「否定的にみない」、ということはその「障害」によって人のあり方を決めない、あるいは「障害」者とみなさないということである。これは言葉だけみれば「障害」は部分であってその人の全体の一部だという主張と重なるが、ここで重要なことは「人は人として」、「障害」は「障害」としてあくまでも分け、「障害」を客観的・中立的立場にたって冷静に見るということである。逆に言えばそのような「障害」に対する感情抜きの態度が人を人として接するというリハビリテーション専門職としての基本的倫理・態度に他ならないということである。

進行性筋ジストロフィーで全身マヒの春山満は「僕の会社には一つだけ採用条件があります。大学で社会福祉学を専攻した者ではない人ということです。あえて申し上げますが、そもそも社会福祉を大学で専攻しようなどと考えること自体が間違っているのです。大学で教えられることは、形骸化された弱者救済とか、ボランティア、全体主義的な難民救済のようなことだけなのです。福祉あるいは介護というような仕事に、そうゆうところから入ってはいけません。頭デッカチに理屈だけを学ぶくらいなら、いきなりビジネスから入った方がよほどいいと思う」(88)（傍線筆者）と述べ、本来の専門職に必要な客観的態度の重要性を示唆している。

なおここで「人と『障害』を区別する」という立場は一見すると、全体として人に関わるという点からすれば、それに反して人を部分的に捉えることではないか、という疑問があるかもしれない。それでは「障害を見るのではなく「障害」者を見なければならない」と言わなければならないのだろうか。

たとえば医学ではしばしば「病気ではなく病人を癒しなさい」ということが言われている。川喜多愛郎はそれを「病気とは、生物機械の故障であると同時に、そうした人格をもつ人体の『病んでいる』状態、彼自身の生涯における一つの意味に満ちた『できごと』なのです[89]」と説明している。

では「障害」者ではなく「障害」と人を分けることは、そのような人格を無視することを意味しているのだろうか。決してそうではない。「障害」は一時的なことではなく、日常のことであるが、だからといって〈私〉自身が「障害」者になるわけではない。「「障害」と人を区別する」ということはそのような立場の表明であり、区別することにより「障害」と「向き合う」ことがはじめて可能になるという意味において、リハビリテーション遂行上のセラピストにとって欠くことのできない行動規範・倫理と言わなければならない[90]。

＊国際生活機能分類・ＩＣＦ（International Classification of Functioning, Disability and Health）がそれまでの国際「障害」分類・ＩＣＩＤＨ（International Classification of Impairments, Disabilities and Handicaps）と異なり、「障害」をより中立的立場に立ってみていることはその言葉（Functioning, Health）からもうかがうことができる。このような理解の仕方も、人と「障害」を区別する立場に含めることができる。

三「障害」をその人において具体的・個別的に捉えること

「障害」は当事者とそれを取り巻く環境を抜きにしては語ることができない。すなわちその人に応じて「障害」は存在しているのであり、「障害」というそれ自体で独立した全体が最初からどこかにあるのではない。

「障害」は個々の「障害」の集まりである。このことは「障害」をひとつひとつ具体的に見ること、そのような科学的立場を大切にすることに通じている。「障害」に求められているのは「治療」ではなく「問題の解決」である。ではこの場合の「障害」とはなんだろうか。それは具体的な場面でその人にとって課題となっている問題（たとえばお風呂に一人で入れない、仕事に行けない）のことであり、それとは別に「障害」という実体があるわけではない。したがってリハビリテーションの場合にはその進展は、個々の問題点の解決の積み重ねであって、単に片麻痺の程度が改善した（たとえばブルンストロームのステージが上がった）ということや標準値に関節可動域がより近づいた、といった身体能力自体の変化によって判断されてはならない。

この点について看護師だった滝野澤直子は医学的に言われる「障害」と実際の自分の「障害」の違いについて「私の身体障害者手帳には「体幹機能障害（座位不能）一級」と

書かれてある。ケイソンになる前の私なら、『体のほとんどに「障害」をもっているんだ』と考えていただろう。でも違うんです。『障害』者になってみてはじめてわかった。指が動かないことも、足が動かないことも、たしかに『障害』には違いない。だけど私にとっての本当の「障害」は、指や足が動かないことではなく、したいことができないこと、行きたいところへ行けないことなのである」[91]（傍線筆者）と述べ、あくまでも「障害」をその人に即して具体的に捉えることの必要性を訴えている。

このことは当たり前のように思えるかもしれないが、医療とリハビリテーションの観点の違いを明確にするきわめて大切な視点であり、あたかも医療が客観的でリハビリテーションが主観的ということではない。

また私がかつて作業療法で担当したBさんは軽い脳梗塞で最終的には右麻痺にもかかわらずきれいな字を書き、箸も自由に使いこなし、階段も軽やかに上り下りして運動面では麻痺の影響はほとんどなかった。しかし外泊して帰ってきたBさんが話してくれた悩みは深刻だった。それはそれまで仕事としてきた写真がうまく撮れないということだった。地元の婦人会などの慰安旅行に同行してスナップ写真を撮り、それを売って生活してきたBさんにとって、シャッターチャンスに素早くシャッターを押せないことは致命的だった。「障害」が軽いゆえに「障害」者手帳ももらえず、福祉の対象にもならないBさんの悩みは、「障害」がその個々の状況と切り離せないことと従来の「障害」者手帳に基づく福祉制度の問題点を露わにさせるものだった。

しかし私自身の自戒をこめて言えば、制度以前にリハビリテーションに携わる人間として当事者の問題こそ、よりこだわらなければならない大切なテーマであることを今にしてもなお痛感させられる。

＊「障害」を活動を通して個別に明らかにし、その解決を図る作業療法の役割もこの「障害」の具体性と深く関わっている。しかしリハビリテーション全体からすれば身体から出発する理学療法も環境・活動から出発する作業療法も「障害」の解決という同じ目的をめざしているのであってそこに本質的違いはない。重要なのはそれを通して当事者の問題を解決することであり、方法にこだわる必要はどこにもない。

四「障害」の告知とリハビリテーション

「障害」が告げられることにより、そこに「障害」者という存在が成り立つとすれば、リハビリテーション専門職という特別な存在自体がもしかしたらその一翼を担っているのではないか、という心配が私にはある（このことは「「障害」者自立運動」の活動家の主張と一部重なる)[92]。

もちろんリハビリテーションの技術にはさまざまな知識と技術、経験が必要であり、専門職が求められていることはわかる。

したがってそのすべてを否定するわけではないが、それはリハビリテーションを普通のこととして行うこととどこかで「ずれ」がありはしないか、という気がするのである。

はっきり言えば、リハビリテーションが「障害」を対象とするということは、その対象(「障害」)を明らかにするということであり、それを踏まえてリハビリテーションという「回復・訓練」あるいは援助がはじまる、ということである。しかしそれはまさに意図的ではないにせよ「障害」を告知する(あなたは「障害」者です)ということに通じているのではないか。それは病院ではリハ室からはじまり、家に帰れば訪問や通いの地域リハビリテーションが待っているという一連の過程に現れてはいないか。そしてさらに「「障害」の受容」というかたちで「「障害」者であること」を認めることが助長されてはいないか。

もちろんだからといってそれが「隔離」ということを意図するものではないし、「リハビリテーション」の場においてもさまざまな交流もあり、実際にそうとばかりは言えないというのは確かである。またそれをリハビリテーション専門職がつくり出しているということもできない。なぜなら現実にはたとえば理学療法士や作業療法士が活動できる場は医療保険や介護保険、社会福祉制度によって制約されているからである。

しかしここで言いたいのは、少しでも現在のリハビリテーション専門職が実際に果たしている役割について考え、少しでも「障害」を持つ人を「障害」者にしない「リハビリテーションサービス」というものがありうるのではないか、という問題意識を持つことである。一から三で挙げた「否定的にみない」、「人と「障害」を区別する」、「「障害」を個別・具体的にみる」ということもそのことと関連している。

五　地域リハビリテーションの目的は「障害」問題の解決にある

街中で時々片麻痺の人の姿を見かける。ほとんどの人が一人で黙々と少しつらそうに歩いている。それを見て私はいつも胸を突かれる思いがする。ある人は杖を振り回しながら横断歩道を渡っていた。他人自体がぶつかると危険な存在なので近寄らせないようするためである。そこから私が思うのは「孤立」ということである。

「障害」が他者から告げられることによって成立すること、すなわちその起源が〈私〉の外にあるという事実はリハビリテーションの基本的あり方を考えるうえで重要な意味を持っている。なぜならリハビリテーションが「障害」問題の根本的解決をめざすとすれば、それは患者本人（個人）を超えて他者の問題と関わることを避けて通ることができないし、「社会的」リハビリテーションという領域が決してリハビリテーションの単なる一部分ではないことを意味しているからである。

この意味で昨今よく言われる「地域リハビリテーション」という方向性はリハビリテーション本来のあり方にもともと根ざすものとみなすことができる。ただしその本意は空間や場所としての「地域」あるいは「在宅」や「訪問」そのものではなく、その内容としての「コミュニティー」（共同体）のあり方そのものにあることをここでは強調しておきたい。

すなわち「全人間的復権」としてのリハビリテーションとは具体的にはコミュニティーにおける「障害」者の全面的復帰にほかならない、ということである。

＊田島明子は『「存在を肯定する」作業療法へのまなざし』（生活書院　二〇一四）において「QOLの出発点には「存在の肯定」という重要な意図が織り込まれていた」（六頁）と述べ、「存在」を人間の基本的あり方として提示した。なおハイデガーは「現存在（人間存在）という名称は、机や家や樹木のように、それが何であるかを表現せずに、存在を表現している」（『存在と時間』上一〇九頁）と述べ、現存在における存在を人間のもっとも基本的なあり方と考えている。

＊「実存」について強調しておきたいのは、「実存」は人間の基本的あり方を示しているのであり、特定のあり方を意味しているのでは決してない、ということである。この意味でK．ロス『ライフレッスン』(93)における「ほんものの自己」と実存を混同してはならない。

＊「障害」の「受容」ということも、それが実存的行為である以上は「もの」のように所有されるものではなく、実存による絶えざる支え・更新を必要としている。

終章　「障害」から学んだこと

これまで「障害」を私は言わば外から述べてきた。最後にそれだけでなく私自身の経験も交えて、「障害」について内側から考えてみたい。言わば自分のこととして「障害」を考え、この本のまとめとしたい。

一「命のきずな」を見て

私はかつてNHKで「命のきずな」と題されたある筋ジストロフィー症の女性の出産に関わる放映（ドキュメンタリー）を見たことがある。彼女は出産に際して自分の障害が我が子にも遺伝しているかもしれないと思い悩み、その中で「無事に元気に生まれて欲しい。それは本当に祈りなんです」と言い、また「もし障害があってもその子を心から喜んで迎えます。その気持ちはまったく変わりません」と心情を打ち明ける場面があった。そしてその中で同じ筋ジストロフィー症の父が我が子（彼女）から次第に力が失われていくのを何も言わずにいつも微笑んで見ていたのを思い出し、「やっと今その気持ちがわかった」と涙ぐむ場面があった。

ではこのビデオが伝えていることは何だろうか。それは「いのち」において「障害」と「健常」は等価であり、我が子はそのような区別を超えて母親にとってかけがえのない存在としてもたらされる、ということのように思える。

もとより私たちは年もとり、事故に遭うこともあり、病気に冒されることもあり、さまざまな苦難の中に投げ込まれることもあるかもしれない。では、だからといってそのことで私たちの「いのち」あるいは人々の価値は損なわれるのだろうか。

たぶん「障害」と「健常」は等価であるといっても無制限ではないかもしれない。人間の感情と医学には限りもあり、胎児の異常を出生前診断によって知ったほとんどの親が中絶を選択するという現実も否定できない。それをどこまで本人にゆだねてよいのかは社会のあり方にも関わっている。現実に中絶を禁じている社会・国家も存在するという事実がこの問題の相対性を示している。

だからこのビデオが伝えようとしていることは、筋ジストロフィー症の母親がもし子どもを妊娠し、その子が同じ障害があるとわかった時、その子供を中絶することは自分を否定することでもある、ということではないだろうか。母親はしかし自分がその同じ病気であるが思いやりのある「健常者」の夫と出会い、望まれて結婚し、幸せな生活を送っている。そのことが彼女のその時の決心を支えている。自分は決して不幸ではない、心から恵まれている、これ以上の幸せがあるのだろうか、と彼女は思っている。その思いがたとえ障害があったとしても、それは幸福な生活を決して奪うことはできない、という強い信念をもたらしている、そしてその信念が彼女の出産への迷いとためらいをぬぐい去っている。だがそれは当事者の彼女にして言えることかもしれない。しかし次の例ではそれが必ずしも当事者に限らないことを示している。

二「奇跡の人」がいる

身体の障害はその存在自体が相対的であるにせよ、からだの不自由・毀損であることは疑いない。しかし人間はその毀損を何らかのかたち（たとえばバリアフリー）で超えることができる可能性をたとえ現状では部分的であれ、秘めていることは否定できない。ただその「乗り越える」努力はおそらくさまざまなケース（たとえば貧困や生活の困難、受けとめ方や要求の違いなど）があり、そこに誰もが満足できる一〇〇％確実な答えがあるわけではない。

また、もし当事者がいわゆる「健常者」（と自分を思っている人）である場合はどうだろうか。そこには「障害」を持つとみなされている人との間に大きな違いがあるのではないだろうか。たとえば高校生の時に交通事故で脊髄損傷となり、下半身麻痺となったB子さんは「障害者」になってから三年後にその時の自分を振り返り、自分がそのような「障害」を負って生きているなど想像もしていなかったと述べている。「障害」はそのように実際にわが身に引き受けるまでは他人にとって想像がきわめて困難な出来事であるということができる。

しかしそれでもなお親の思いは生まれたその子に対しては特別な思いがあるのではないだろうか、ということがある。もしそうであればこの世の中で行き違いや誤解が生まれたとしても、それはもっと和らいだものになるに違いない。しかし本人の思いが必ずしも母親であれ同じとは限らない、ということも事実である。それは顔のあざを世間に隠していた女性が（たぶん彼女のあざに気づかない）社会的にも地位のある男性から交際を望まれた時にそれをことわったことを、母親がそれをとがめたことにも示されている。しかし彼女はまたその出来事を通して「奇跡の人」をすなわち「障害」を持つことの悩みを理解できる人としての義兄も見いだしている。それは数こそ少ないかもしれないが確実にいることを彼女は実感し、そのような人とやがて結ばれることとなる。

ここでこの「奇跡の人」の存在も踏まえて、まず言えることは、たとえ「障害」持って生まれた子がいたとしても、その本人（当事者）自身は決して「自分」が「障害者」あるいは「問題」だとは思わない、ということがある。それは「確かに自分は足が悪いし、人並みに計算もできないかもしれない。しかしそう考えている私自身は決してそのような能力によってできているわけではない」ということがある。したがって「奇跡の人」とはこの意味で「奇跡」というよりは、人間の本質的あり方それ自体とみることができる。だから逆にそのような「健常者」の思いこみ（偏見）が覆される時に、かって「健常者」であった「障害者」はいままでの自分を振り返ることになる。

三「真夜中の声」を聞く

先の「奇跡の人」で示されたことは、「障害」にもかかわらず、あるいはそれとはその人自身が感じ、示していることとは別にある、ということである。それは人間が「見た目」や「ある能力」によって測られたとしても、それは人間の一面を示しているのであって、人間全体の精神（「実存」）あるいはその価値は、そのこと（能力）とは別に存在している、ということではないだろうか。だから私たちは人間に対して、彼あるいは彼女がどのように冷酷な存在だとしても、決して物や動物と同じ存在とはみなすことできないのではないか、ということがある。

たとえばこのことについて、私がかつてある施設に勤めていたころに体験した「知的障害者」とのある出来事が今でも思い出される。

私はその時、いつもどおり午後の食事の配達の仕事を終え、事務所でのんびりした時間を過ごしていた。その私が「知的障害」（「小頭症」）を持つ大柄の中年の男性がここ三日ほど、「てんかんの薬」を飲まなかったため、居室で物を投げたり不穏な様子なので来てほしい、という連絡を受けた。早速その寮にかけつけ問題の部屋に入ると、その男性はガラス戸のある四人部屋の中央で、すでに興奮状態はおさまったようでぼんやりと立ちすくんでいた。部屋の中には日用品や雑貨などいろいろなものがあり、また物を載せる台としてコンクリートブロックなどもあり危険を感じたので、私は広い食堂に男性を連れ出すことにした。男性はそれを話すと思いのほか素直にそれを受け入れてくれたので、私たちはひとまず食堂に落ち着くことにした。何よりも気持ちを静めることが大切だと思われたからである。

そこで私はまず男性に広い昼食まえのテーブルの中央に座ってもらい、やかんから紙コップにお茶を注いだ。ほっとした気持ちがそうさせたのか、やかんが思いがけず重かったのか、少し手元がくるってお茶が少しテーブルの上にこぼれてしまった。私はいつもそうしているようにテーブルの汚れを近くに置いてあったトイレットペーパーで拭こうとした。

その時だった。いつもおとなしくして、職員の手伝いをしていた彼が突然怒り出し「おれたちは人間だぞ。トイレットペーパーでなんで机をふくんだ」と声をはりあげて叫んだ。「なんでトイレットペーパーで拭くんだ」と彼は何度も抗議を繰り返した。

その言葉を聞いて、そこにいた他の職員も寮生（入所者）も一瞬おどろいたようだった。しかしその場は周りの人たちも彼をなだめ、しばらくすると彼も落ち着きを取り戻し、普段のいつもどおりのおとなしい姿に戻った。

やがて夜が訪れ、彼はその晩一人で別室で眠ることになり、私もそれに付き添うことになった。ところが真夜中に眠りについているはずの彼がうわごとのように何かをつぶやいていた。私は何を言っているのか聞こうとしてそっとき耳を立てた。それは「母ちゃん助けてくれ、ここにいたら殺されちゃうよ。こんなところにいたら殺されちゃうよ、助けてくれ」という身体の底から絞り出されるようなうめき声にも似た言葉だった。わたしは思わず彼の様子をうかがった。かれは額に脂汗をにじませながら、その言葉を二、三度くりかえした。そしてしばらくするとまた何ごともなかったかのように再び眠りのなかに落ちていった。長い長い夜だった。忘れることのできない夜だった。覚えていることは微かに明け方に遠くの電車の音が響くことだけだった。

こうして私の眠れぬ夜は明け、翌朝、彼は何ごともなかったかのように以前と同じように施設の仕事の手伝いにもどって行った。しかしそれは本当に何ごともない平和な日々とは違うぬぐい去ることのできない思いを私の中に残した。

簡単に言うならその時から「障害」は私にとって、ただ「足りない」ということにとどまらず、それが何かを「伝える」ということと何処かでつながっている、ということと結びつくようになった。

私が出会ったことはきわめて単純なことかもしれない。人は誰でも自分を否定することはできないし、その否定にあえば、それに耐えたとしても、それは心の中で納得されるということではない。だからそれは私と共に他者がそこにいること、そのことによって私が糺されるということにほかならない。たぶん夜中にうなされた彼も、耐えながらそれを自分の中で叫ばずにはいられなかったのではないだろうか。

もちろんこの話は「障害」と直接つながるというわけではない。しかしそれは私自身を鏡のように映し出し、その解決は私自身を含めたこの社会における「障害者」のあり方そのものに深く関わっていると思わざるをえない、ということがある。それは別の言葉を使えば「実存」と呼ばれていた私の存在の根源的あり方を見直すということも含まれる。そしてその上に立って、私ははじめて他者に対するいつわりのない関わりを持つことができる。そのように解釈する時、「障害」はまた新たな別の相貌をもって私たちにその存在を露わにするようになる。

四「障害」の意味

「障害」は「生かすこと」ができる。そこから人間について、あるいは生きることに大切な何かを学ぶことができる。あるいはそれ以外に「障害」を乗り越えることがどうしてできるだろうか。否定するだけでなく、同時に私たちは「障害」を私たちが生きる中で私たちの触れる世界について別の読み方ができるのではないか。そのような思いが「障害」について先ほどの例を考える時、私の心の奥底でしずかに鳴り響いている。

たとえば自動車はそれだけ考えれば、自分だけで動く（移動）ことができる機械にすぎない。しかしそれは自分で勝手に動き回るわけではない。それは人間が使うことにより、それまで行くことが困難な場所に達することを可能にし、その世界を幾重にも拡げる。同様に「障害」も、その存在によって人間の経験と世界をより拡げ、また深めることにつながっているのではないか。

しかし「障害」の場合、ただそれは自ら望んで踏み込んだ世界ということはできない、ということは確かである。それは「障害」という言葉自体が示している。ただ、その困難の中にもまた別の人間と世界の相貌が刻まれてはいるのではないだろうか、ということがある。それは隔たりであると同時にそこに橋をかけ、道を見つける場所でもあるのではないか、ということがある。

このことを若い時に自動車事故で脊髄損傷者となった女性は「知らないより、より多く知ったほうが良い」と表現している。彼女がその障害を通して知ることとなったのは、それまで触れることもなかった、「障害」を通して見ることのできた新たな現実である。しかしそれは、あることは「プラス」、あることは「マイナス」、全体で「……」と言えるものではない。その発見はそれとは別のところにある。

もしそれを言葉にするなら、それはたとえば車椅子からみた環境世界と言えばいいのだろうか。それは寝ることから、食事を摂ることから、街を行くことから、トイレを使うことから、その他もろもろのありとあらゆることに及んでいる。この場合、大事なことは私たちは「世界―内―存在」として生きている、ということ、すなわち私たちは世界を離れて存在しているのではない、ということ、あるいは、障害はこの意味でそもそも世界と切り離して、それ自体で語ることはできない、ということではないだろうか。

したがって、障害はそれを単なる空虚と言うことはできない。それはおそらく一つの世界をもたらす。しかし、このことは決して別の世界をもたらす、ということでもないし、「障害」が先にあり、「人柄はその次にある」ということではない。そしてそのことから言うなら、人間の秩序において、人柄、その人自身がまず先にあり、「障害」はその後からくることであり、その逆ではない、ということがある（先に「命のきずな」で見たように）。そしてこの時、私たちは「障害」について、真の意味で語ることができるのではないだろうか。

この場合重要なのは形だけの知識ではない。あるいは単に生きているということだけではない。「障害」は「もの」ではなく、それはかけがえのない生きた身体そのものにほかならない。だから「恵美子は人形さんと遊んでいればいいんだ。お人形さんなら恵美子をいじめたりしないからね[94]」という祖母たちの言葉に、下肢に「障害」を持つ岩楯さんがどうしても従えなかったこと、石を投げられても窓をあけて自分の目で外をながめることをけっしてあきらめなかったことがわかる。人間はものではない。だからどうしても外との間をふさぐ壁を受け容れることができない。なぜなら人間には考える自由があるというだけでなく、実際にそれを知りたいという気持ちを抑えることができないからである。一体外に出て、自分の「障害」を知り、自分自身を知ることなしに、どうして生きていくことができるだろうか。

私たちは欲望を抱き、生きている。生きているということは欲望を持つことにほかならない。だからそこに「障害」が生まれる理由が存在し、またそれを乗り越えようとする理由が存在している。

あとがき

本書で採り上げてきた主題はきわめて横断的な「障害」という問題をどのように見いだし、考えればいいのか、ということである。それはこれまで医療や福祉といった分野でさまざまな専門家が取り組んできた領域ではあるが、「障害」はまた人々の暮らしや生き方と切り離すことのできない身近で切実な問題である。したがってこの「障害」の拡がりをまず十分に明らかにすることが、ひいては専門家がそこに介入することの糸口になるのではないか、ということが本書の思索の出発点にある。

しかし思索には必ず何らかのきっかけがある。本書の成立は田島明子氏（聖隷クリストファー大学）と二〇一二年からほぼ二年間にわたり開催されてきた「障害」受容に関する研究会に参加し、数々の自由な発表と討論に触れ、刺激を受けてきたことを抜きにしては考えることができない。だから田島氏をはじめそこに参加された方々にはお礼の言葉もない。

また出版に際してはＣＢＲ社長の三輪敏氏にひとかたならぬご理解とお世話をいただき、さらに上田敏先生にはお忙しい中、未熟な原稿の全編にわたり懇切丁寧なご意見をいただいた。本書の形を整えることができたのもそのことを抜きにしては考えることができない。こころから感謝申し上げたい。

最後に思うのは、それぞれの人には「障害」があろうとなかろうと、それぞれのたった一つの人生があり、私たちはその否定も肯定もできないかけがえのない人生を生きている、ということである。

文献と注

〈はじめに〉

（1）本書の目的は「障害」問題を通して人間とは何か、という問いについて考えることである。脳性麻痺者・横塚晃一の以下の言葉も筆者の意図と重なる。「脳性マヒ者としての真の自覚とは、鏡の前に立ち止まって（それがどんなに辛くても）自分の姿をはっきりとみつめることであり、次の瞬間再び自分の立場に帰って、社会の偏見・差別と戦うことではないでしょうか。そこにおける我々の主張は単なる自分だけの利益獲得におわることはないでしょう。それは人類が過去何千年かにわたって取り組んできた人間とは何か？　人間社会のあり方はどうあるべきか？　ということに我々自身の立場からかかわることであり、これが真の社会参加ということだと思います」（横塚晃一：『母よ！殺すな』生活書院、八七頁、二〇〇七年）。

〈第一章〉

（2）上田敏：『リハビリテーションを考える』青木書店、八七頁、一九八三年

（3）『リハビリテーションを考える』、八八頁

（4）障害者アートバンク編：『障害者の日常術』、晶文社、一五頁、一九九一年

（5）『障害者の日常術』、一五頁。林芳江もワープロを使うことによって「手が不自由だと出来ることが少ないと思っていた抑圧から解き放たれるのに貢献してくれた」（全国自立生活センター編：

『自立生活運動と障害文化』現代書館、六九頁、二〇〇一年）と電子機器の役割を高く評価している。

（6）ドイツの哲学者ハイデガー（一八八九－一九七六）は人間という存在を哲学的に「現存在」と解釈し、現存在の「本質」はそれの実存にある」と述べている。これは人間においては始めからその本質が決まっているのではなく、そのつど「可能な存在の仕方であり、かつそれのみである」ことによると説明している（『存在と時間・上』（細谷貞雄訳）筑摩書房、一〇九頁、一九九四年

（7）サルトル（伊吹武彦訳）：『実存主義とは何か』人文書院、一七頁、一九八〇年

（8）笠原嘉：『不安の病理』岩波新書、一一頁、一九八一年

（9）アレクサンドル・ジュリアン（塚原　史訳）：『人間という仕事』明石書店、一一五頁、二〇〇六年

〈第二章〉

（10）ヘーゲル（長谷川宏訳）：『精神現象学』作品社、一四一頁、一九九八年

（11）ただしここでもう一つ重要なことは、たとえ「思考の自由」が「頭の中の自由」であり、部分的自由であることが確かだとしても、その経験の上に「生きた自由」も存在しているということである。リハビリテーションで言えば、たとえどのような身体の不自由を抱えていたとしても、なおかつ「考える自由」は存在し、デカルトが「私は考える、それ故に私は有る」（落合太郎訳：『方法序説』、岩波文庫、四五頁、一九六七年）に見いだしたように、それが〈私〉という存在の疑いえない確かさをもたらしている、ということである。たとえば二二歳で重度四肢マヒとなっ

たグラハムは受傷後三〇年を経た自分自身について「単純に自分は自分だと感じる。自分とは精神的な側面のことです。僕は自分が考えることであって、僕が行うことじゃない」（ジョナサン・コール（河野哲也、松葉洋一監訳）：『スティル・ライヴズ Still Lives』）法政大学出版局、四七頁、二〇一三年）と語り、自分自身を「別の仕方で健常である」と捉えている。

(12) ステファーノ・アルディート：『ピークス・オブ・グローリー』山と渓谷社、一〇頁、一九九五年

〈第三章〉

(13) 赤松昭、小澤温は相対性について「便宜上」という言葉を用いて、次のように語っている。「身体の状態が即座に「身体障害」とみなされるわけではありませんが、あくまでもその社会が便宜上合意するいくつかの条件に基づいて、法的に「身体障害」が規定されるのです。したがって、どのような時代のどの世界でも絶対的な身体障害の基準はない」（小澤温編「よくわかる障害者福祉」（第5版）、ミネルバ書房、三〇頁、二〇一三年）

(14)『存在と時間・上』、二九四頁

(15)「リハビリテーション」という言葉の意味を「全人間的復権」と捉えるなら、先天的「障害」に対しても、その「障害」を持つ人びとが社会的不利益をこうむることに対して復権を実現しようとする「リハビリテーション」の意義は失われるものではない。この意味で「ハビリテーション」という言葉をリハビリテーションに対置することはリハビリテーションという言葉の真意からすれば誤解に基づく主張といえよう。

(16)『障害者の日常術』、二二三頁

(17) 柳田邦男責任編集：『障害とともに』文藝春秋社、二一六頁、一九九三年

(18)重度頸髄損傷者の滝野澤直子は入院中にある患者の語った言葉として「あなたぐらいに「障害」が重かったらいっそあきらめもつくのに、なまじ手が動いていろいろできるからかえって辛いわ、なんてことを真顔でいう人もいる。そんな言い分ってあるだろうか」(『でも　やっぱり歩きたい』医学書院、一二三頁、一九九五年)と伝えているが、これは「障害」を実存的に解釈すれば別に不思議ではない。

〈第四章〉

(19)アマチュア無線の効用について脳性麻痺による四肢体幹機能「障害」者の京極玲子は「不思議なもので、無線で話すとどんな相手でも、自分が「障害」者だってことをほとんど意識しないで話せるの。だから、初めて話すどんな相手でも、自分が「障害」者だってことをほとんど意識しないで話せるの」(『障害者の日常術』、六五頁)と語り、素の姿を見られることがいかに大きな意味を持つかについて語っている。

(20)顔にあざのある当事者のCさんは視線という存在について次のように語っている。「だから視線ってすごい、その、当事者にとってはすごい、あの、ほんまにきついもんかなと思って。う〜ん、それやったら言葉で言われた方がまだほんとうに楽やなって思うんで。うん、でも、そういうことって、当事者以外の人って、わからないと思うんで」(西倉実季:『顔にあざのある女性たち』生活書院、二三二頁、二〇〇九年)。

(21)『人間という仕事』、一一二頁

(22)ただしこの「宣告」は「障害」者として名指すこととととられてはならない。顔にあざのあるAさんは飲食店やレジャー施設でアルバイトをするが、いずれもお客さんと接する受付などの部署ではなく「奥の部署」（洗い物や洗車）に配置される。Aさんは最初はその意味がわからなかったが、だんだん「ああ、そういうことか」と気づかされたと述べている（『顔にあざのある女性たち』、一〇一頁）。

(23) 樋口恵子：『エンジョイ自立生活』現代書館、四四頁、一九九八年。

(24) ロバート・マーフィーは自身の体験から「障害」が人と社会の関わりに及ぼす影響について「身体「障害」というのは単なる役割ではない。それはアイデンティティつまりその人の定義であり、他のすべての社会的役割がその下にくるようなその人の支配的な特徴である。そして身障者たちが自分の「障害」のことを心から払拭することが出来ないように、社会も決して彼らにそのことを忘れさせはしない」（『ボディ・サイレント』平凡社、一九〇頁、二〇〇六年）と述べ、「障害」が特別な社会的意味・他者との関わりをもたらすことに注意を促している。

(25) 八代英太、冨安芳和編：『ADAの衝撃』学苑社、六三頁、一九九一年

(26)『母よ！殺すな』、八〇頁

(27) 高槻博：『片足喪失の記』柘植書房、九五頁、一九九五年

(28)『スティル・ライヴズ』、二四四頁

(29)『障害者の日常術』、八二頁

(30) 上田敏はこの「顔の痣」による「障害」を「機能・構造「障害」が活動制限を介さずに直接参加制約に直結する場合」（『リハビリテーションの思想第2版増補版』医学書院、一一二頁、二〇〇四年）として説明しているが、ここでいわれている「機能・構造「障害」」は社会的不利（参加制約）の存在が前提となっている。

(31) 西倉がインタビューしたAさんは彼女のあざを目にした人びとの反応を①露骨に驚いた顔をする

人、②平静な顔を装いながらも瞳のなかに驚きを隠せない人、③瞳の中にも驚きない人、の三つにわけ、③の人を「奇跡の人」とよんでいる。この「奇跡の人」こそ「障害」を超えて実存的関係に生きる人に他ならない（『顔にあざのある女性たち』、一二八頁）。

〈第五章〉

（32）脳性麻痺者横塚晃一は「私たちは今まで脳性マヒとしていろいろな運動をしてきましたが、なかでも一昨年（一九七〇年）5月横浜でおきた重症児殺害事件について殺される立場から主張を述べて各方面に働きかけてきました。その運動の中から私達のような重度「障害」者は今の社会において疎外され、その存在すら無視されているかを改めて思い知らされました」と述べたあとで「そういえば電車、バス、歩道橋、駅の階段やいろいろな建築物など町そのものが私達の存在を無視し、そこで私達が生きていくことを拒否している」（『母よ！殺すな』、二九九頁）と語っている。その後の「青い芝の会」メンバーによる一九七七年の川崎市における車椅子「障害」者の「バスジャック」（占拠）抗議行動は、車椅子使用者への乗車拒否が自分たちの存在そのものに対する拒否にほかならないことと捉え、そのような社会のあり方に徹底して抗議の意志を示したものであった。

（33）『障害者の日常術』、七三頁

（34）『ボディ・サイレント』、一八一頁

（35）『ボディ・サイレント』、一八三頁

（36）ヘーゲル（ドイツの哲学者一七七〇 - 一八三一）にとって身体も物と同じく自分の外に出た存在として理解されている（長谷川宏訳：『法哲学講義』作品社、一〇三頁、二〇〇〇年）。そして

「肉体という存在をもつからこそ他人は私の自由を意識できるので、肉体という存在は、同時に、他にたいする存在であり、客観的な対象という形でわたしは他人の前にあらわれる」（一一五頁）と身体の他者ならびに〈私〉における重要性を強調している。

(37)『ボディ・サイレント』、一八六頁
(38)『スティル・ライヴス』、四〇六頁
(39)『ボディ・サイレント』、一五四頁
(40)マーフィーはこれを変身あるいは変質と名づけている（『ボディ・サイレント』、一五七頁）。
(41)『スティル・ライヴス』、三九八頁

〈第六章〉

(42)なお同じ病を持つ者同士が集まり、作業をしながら共同生活をいとなんでいた例としては愛知県の知多半島にあった南知多共生園のような戦前の結核療養所を挙げることができる（加賀谷一：『結核作業療法とその時代』協同医書出版社、七七‐九五頁、二〇〇三年）。
(43)『人間という仕事』、八四頁
(44)『母よ！殺すな』、一一五頁。なおマハラバ村について詳しくは、岡村青：『脳性マヒ者と生きる大仏空の生涯』三一書房、一九八八年、横田弘：「やっぱり障害者が生きていることは当たり前じゃない」（全国自立生活センター協議会編『自立生活運動と障害文化』二七一‐二七九頁）などを参照のこと。
(45)川名紀美：『アルビノを生きる』河出書房新社、一二六頁、二〇一三年
(46)『母よ！殺すな』、三七五頁

（47）「障害」者という言葉について「障害」はその人の一部の問題であり、全体としてその人を「障害」者と呼ぶことはできない、ということを論拠とする主張に対しては、実存としての〈私〉の存在がそもそも「障害」を超えているということが考慮されていない点において同意することはできない。

（48）山田規畝子『高次脳機能障害者の世界』協同医書出版社、五六頁、二〇〇九年

（49）『人間という仕事』、四二頁

（50）『ボディ・サイレント』、一二〇頁

（51）A．ジュリアンはこのことを「ハンディキャップのある人は、人間の条件への扉を開く存在なのだ」（『人間という仕事』、一一四頁）と書き記している。この意味で「障害」は決してマイナスだけを意味するものではない、いうこともできる。

（52）星野富弘：『愛、深き淵より』学習研究社、六四頁、二〇〇〇年

（53）『愛、深き淵より』、六五頁

〈第七章〉

（54）頸髄損傷の星野富弘の場合、受傷後三か月ほどして医師から告げられなくても自分の動かない体がもはや回復の見込みがないことに気づかされた。「友人や姉弟。同室の人たち。私の体がもとどおりになると言う人たちは、たくさんいたが、なおらないと言う者は、誰ひとりとしていなかった。（略）いくら悩もうが、いくら希望をもとうが、体が動き出すはずもない。認めたくないけれど、認めざるをえない悲しい現実だった」（『愛、深き淵より』、八七頁）。ここから「障害」と「向き合う」日々が続くことになる。

(55)デカルト（Descartes 一五九六－一六五〇年）は自己の存在の根拠を「私は思う」ということに求め「われ思う、ゆえにわれ在り」（ラテン語で「コギト・エルゴ・スム」）と記した（『方法序説』、四五頁）

(56)個別性は身体の問題が特に「痛み」のように他者から見ることができない苦しみとして生じる場合には孤立として強く意識され、他者との溝が深まることがある。

(57)『でも　やっぱり歩きたい』、一二六頁。彼女が「障害」を持つ人たちと心から仲良くできるようになったと感じるまでには一年近くの歳月を要した。

(58)我が国における同様の例としては一九五七年に東京都大田区で結成され、その後「障害」者の社会権利運動を積極的に展開した「青い芝の会」の活動を挙げることができる。

(59)首から下は電動車椅子を操作する指先以外は動かすことができない重度「障害」者でカリフォルニア州のリハビリテーション局長をしていたエド・ロバーツは、樋口恵子に「「障害」はパワーだ、エネルギーだ」と語っている（『エンジョイ自立生活』、四七頁）。

(60)『アルビノを生きる』、三一四頁

(61)『障害とともに』、一八九頁

(62)『障害とともに』、二八一頁

(63)『スティル・ライヴス』、六七頁

(64)『スティル・ライヴス』、五七頁

(65)コリンの過去の体験を忘れ難くさせているのは、単なる過去への追憶ではない。それはフランスの女性社会思想家シモーヌ・ヴェイユ（一九〇九－一九四三年）が肉体労働に関して「比類なき歓びと充溢の瞬間に、真の生が現前することを瞬時に知り、世界が存在し、みずからが世界に在ることを全身で感じる。この感覚の鮮烈さは物理的な疲労によっても弱まらない。疲労も過剰でなければ、むしろこの感覚を強める」(『自由と社会的抑圧』岩波文庫、一一二頁、二〇〇五年)と述べたことに通じる彼の人生に深く刻まれた特別の経験である。それゆえ彼はそこから容易に離れることができない。

(66)『スティル・ライヴス』、三四〇頁

(67)『スティル・ライヴス』、一七四頁

(68)オリバー・サックスはこれを「適応」と呼んでいる(石館康平他訳:『レナードの朝』晶文社、三三六頁、一九九三年)。

〈第八章〉

(69)『スティル・ライヴス』、八四頁

(70)脳機能「障害」による身体麻痺に対する統合(同一性の回復)の一つの試みとして「認知運動療法」がある。その実際は「小川奈々、中里留美子:『わたしのからだをさがして』協同医書出版社、二〇〇七年」に詳しい。しかしひろく同一性の回復を理解するなら、福祉機器や介護などによってもたらされる自己所有感(その運動が、私によってであれ、他人によってであれ、機械によってであれ、何によって引き起こされるかとは関係なく、この私が経験をし、動かしているという感覚=『スティル・ライヴス』、三九八頁)の存在もリハビリテーションの観点から無視できない。その有効性は冒頭で触れた上村の例に示されている。

(71)大島渚:『失って得る』青春出版社、二〇〇〇年

(72)『スティル・ライヴス』、一〇九頁

(73)『アルビノを生きる』、二六七頁
(74)『アルビノを生きる』、二六九頁
(75)『エンジョイ自立生活』、四〇頁
(76)上田敏『リハビリテーションを考える』、二一九頁
(77)『リハビリテーションを考える』、二〇九頁
(78)『スティル・ライヴス』、三八一頁
(79)福岡伸一:『生物と無生物とのあいだ』講談社、一六六頁、二〇〇七年
(80)スピノザ(オランダの哲学者一六三二-一六七七年)の言う「コナトス(conatus)」とは「自存力」あるいは「努力」とも訳され、人間においては自己の存在を保とうとするもっとも基本的な力を示している。スピノザ:『エチカ』(畠中尚志訳、岩波書店、二〇〇六年)第三部定理六は「おのおのの物は自己の及ぶ限り自己の有に固執するように努める」(一七七頁)とあり、証明には「いかなる物も自分が滅ぼされうるようなあるものを、あるいは自分の存在を除去するようなあるものを、自らの中に有していない」(一七七頁)とされている。たとえ「障害」が自らの存在を脅かすように見えても、それは決して自らを滅ぼそうとしているわけではない。定理一〇には「我々の身体の存在を排除する観念は我々の精神の中に存することができない」ともある。
(81)『障害者の日常術』、二〇七頁
(82)『スティル・ライヴス』、三四〇頁

〈**第九章**〉

(83)『「障害」者の日常術』、二〇四頁

（84）藪下彰治郎：『両足をなくして』晶文社、一一一頁、一九九六年

（85）なぜなら身体こそ実存としての〈私〉のまぎれもない一部にほかならないからである（『わたしのからだをさがして』、一八頁）。

（86）『リハビリテーションの思想第2版増補版』、九〇頁

（87）『スティル・ライヴス』、三七七頁

（88）春山満：『僕にできないこと。僕にしかできないこと』幻冬舎、二八頁、二〇〇〇年

（89）川喜多愛郎：『医学への招待』日本看護協会出版会、二四八頁、一九九〇年

（90）ひとと「障害」を区別することは「障害」者と接する家族の問題の解決にも重要な意味を持っている。それはアルツハイマー病の夫の問題行動が病気のためであって「本人が悪いのではない」と妻が気づき、自然と夫に対する態度が和らぎ、家庭も円満になったという例に示されている（『リハビリテーションの思想第2版増補版』一八四頁）。

（91）『でも　やっぱり歩きたい』、一三九頁

（92）この疑問を「障害」当事者の立場から投げかけたのはアメリカの自立生活運動に関わる人たちである。彼らの主張は自分たちは「障害」を持つが、人間の権利においては「障害」者という特別な人ではなく、普通の人となんら変わりはない、ということであり、「医療関係者やリハビリテーション関係者などは「どういうふうにすれば、「障害」者が今ある社会に適応できるかということを考えてきた」として批判している（『ＡＤＡの衝撃』、一六頁）。

（93）Ｋ．ロス、Ｄ．ケスラー（上野圭一訳）：『ライフレッスン』（角川文庫）角川書店、一五頁、二〇〇五年。ロスはこの著書において死に臨む患者のケアについての彼女の経験から、人間が生死に関わる重大な困難に際した場合の解決の道を提案している。それは「障害」においても示唆

に富む内容を含んでいる。ただ「障害」の場合はその解決のベクトルが生死を問題とする方向性とやや異なる点がある。それは「あきらめ」と「あきらめない」ことの配分に関わっている。

〈終章〉

（94）岩楯恵美子：『私も学校へ行きたい』柘植書房、一九頁、一九七八年

【著者略歴】　かがや はじめ

学　歴

1967.4　慶應義塾大学文学部哲学科入学（1973.3 卒業）
1976.4　国立療養所東京病院附属リハビリテーション学院作業療法学科入学（1979.3 卒業）
1992.4　淑徳大学大学院社会福祉学研究科社会福祉学専攻修士課程入学（1994.3 修了〈社会福祉学修士〉）
1994.4　淑徳大学大学院社会福祉学研究科研究生（～1995.3）
1999.4　淑徳大学大学院社会学研究科社会福祉学専攻博士後期課程入学（2002.3 修了〈社会福祉学博士〉）

職　歴

1973.4　社会福祉法人愛の友協会生活指導員（～1975.3）
1975.4　㈱東京コンタクトレンズ研究所一般事務（～1975.12）
1979.4　労働福祉事業団千葉労災病院作業療法士（～1983.4）
1983.5　帝京大学医学部附属病院作業療法士（～1986.8）
1986.9　名古屋大学医療技術短期大学部助手（～1991.3）
1991.4　千葉県医療技術大学校専任講師（身体障害作業療法学、～1999.3）
1999.4　名古屋大学医学部助教授（老年期作業療法学、～2007.3）
2001.8　大学設置・学校法人審議会の教員組織審査において名古屋大学大学院医学系研究科リハビリテーション療法学専攻（修士課程）助教授（地域リハビリテーション特別演習、作業療法システム学特論、病態作業療法学セミナー、作業療法学特別研究）（合）と判定
2002.5　名古屋大学医学部医学系研究科担当（地域リハビリテーション特別演習、作業療法システム学特論、病態作業療法学セミナー、作業療法学特別研究）
2004.8　大学設置・学校法人審議会の教員組織審査において名古屋大学大学院医学系研究科リハビリテーション療法学専攻（博士課程）助教授（リハビリテーション療法学特別研究）（合）と判定
2007.4　淑徳大学総合福祉学部社会福祉学科教授〔2013.3　定年退職〕

学会および社会における活動等

1979.6　日本作業療法士協会会員（現在に至る）
1994.4　機関紙「作業療法」編集協力委員（～1998）
1994.9　日本社会福祉学会会員（現在に至る）
1995.6　日本社会事業史学会会員（現在に至る）
2000.6　日本作業療法学会査読委員（～2004.5）

リハビリテーション的障害論—そもそも障害ってなんだ

2015年12月10日　第1版第1刷©

著　　者　加賀谷　はじめ
発 行 人　三輪　敏
発 行 所　株式会社シービーアール
東京都文京区本郷3-32-6　〒113-0033
☎(03)5840-7561（代）Fax(03)3816-5630
E-mail/info@cbr-pub.com
Home-page：http://www.cbr-pub.com
表紙写真　加賀谷　はじめ
印刷製本　三報社印刷株式会社